James Camille-Samson

Meine Reise nach Siam
1888-1889

Verlag
der
Wissenschaften

James Camille-Samson

Meine Reise nach Siam 1888-1889

ISBN/EAN: 9783957002044

Auflage: 1

Erscheinungsjahr: 2014

Erscheinungsort: Norderstedt, Deutschland

Hergestellt in Europa, USA, Kanada, Australien, Japan
Verlag der Wissenschaften in Hansebooks GmbH, Norderstedt

Cover: Foto ©Dr. Stephan Barth / pixelio.de

MEINE
REISE NACH SIAM

1888—1889.

— —

AUFZEICHNUNGEN

DES K. UND K. LEGATIONSRATHES

DR. J. CAMILLE SAMSON

(† 9. SEPTEMBER 1896).

ILLUSTRIRT VON LUDWIG HANS FISCHER.

James Lanville Sawtry

Vorwort.

Die folgenden Blätter enthalten Aufzeichnungen unseres früh verschiedenen Freundes über eine im Jahre 1888 unternommene Reise nach Siam. Er war damals dem für die drei ostasiatischen Höfe ernannten Gesandten Freiherrn Rüdiger von Biegeleben, und zwar speciell für Siam zugetheilt; so, dass seine officielle Mission in Bangkok ihr Ende erreichte.

Diese unter dem Eindrucke des Augenblickes hingeworfenen Skizzen waren nur für seine geliebte Mutter bestimmt, die sich nun entschlossen hat, sie einem Kreise von Freunden als Erinnerungsgabe zu widmen.

Ich würde mich glücklich schätzen, wenn meine Bitten zu diesem Entschlusse meiner verehrten Freundin beigetragen hätten.

Eine reiche Fülle lebensvoller Bilder und Scenen rollt sich vor uns auf, alle mit wenigen

Strichen rasch und sicher festgehalten. Ein ebenso empfängliches als im Sehen geübtes Auge hat sie aufgenommen; überall ist das Wesentliche und Charakteristische herausgegriffen.

Die Intensität und Unmittelbarkeit der Auffassung spiegelt sich in dem knappen, frischen, glücklichen Ausdrucke wieder; überall herrscht die gleiche Fülle; nirgends ein Uebermass, nirgends eine Abnahme, überall ein richtiges Verhältnis zwischen der launigen Erzählung persönlicher Erlebnisse und der objectiven Darstellung.

Als Höhepunkt des Ganzen erscheint der höchst interessante Bericht über den Empfang am siamesischen Hofe, sowie die prächtige, an treffenden Zügen so reiche Schilderung von Bangkok, dem Venedig des fernen Ostens.

Die täglichen kleinen Leiden und Freuden der auf dem „Poseidon" zusammengedrängten Reisegesellschaft bilden einen wirkungsvollen Gegensatz zu der stillen Majestät grossartiger Naturgebilde, an denen diese kleine unruhige Menschenwelt vorüberzieht.

Die liebe Gestalt unseres Freundes bildet für uns den Mittelpunkt dieser kleinen Welt, die er mit dem gleichen Humor zu zeichnen weiss, mit dem er alle Beschwerden der Reise erträgt.

Keine Anstrengung ist ihm zu gross, wenn Gelegenheit geboten ist, den Kreis seiner Anschauungen zu erweitern.

Seine gute Laune macht nur dann der Entrüstung Platz, wenn er Menschen begegnet, die mitten unter den Wundern einer fremden Welt in stumpfer Gleichgiltigkeit und unbegreiflicher Unwissenheit verharren und nur für ihre nächsten Interessen Sinn haben.

Vor Allem aber ist er darauf bedacht, allen amtlichen und socialen Pflichten seiner Stellung im vollsten Umfange gerecht zu werden; auch die grösste Ermüdung, vereint mit der heissesten Temperatur der Tropen, vermag in ihm, der das bereits vorgeschrittene schwere Leiden in sich trug, nicht einmal den Gedanken eines Nachgebens hervorzurufen.

So hat unser Freund unabsichtlich sich selbst dargestellt, wie wir ihn kannten, liebten und schätzten, und wie er in unserem Andenken fortlebt.

Mögen die Blätter, denen diese schlichten Worte zur Einleitung dienen, auch nach uns empfänglichen Lesern in die Hände kommen, die sich daran erfreuen und vielleicht manche fruchtbringende Anregung daraus schöpfen. Diesen späteren Lesern wird die nachstehende biographische Skizze gewiss willkommen sein.

Noch möchte ich hinzufügen, dass an dem Manuscripte nur die bei jeder Drucklegung unvermeidlichen kleinen Correcturen vorgenommen wurden.

Hie und da vorkommende heimische Redewendungen wurden belassen, um das Gepräge frischer Ursprünglichkeit nirgends zu verwischen.

Venedig, im März 1901.

Carl Ritter von Gsiller.

Biographische Skizze.

James Camille Samson wurde am 18. October 1856 zu New-York geboren, das seine Eltern jedoch zwei Jahre nach seiner Geburt verliessen, um in Wien ihren Wohnsitz aufzuschlagen.

Im Alter von 18 Jahren verlor er seinen Vater.

Nach Absolvirung der rechts- und staatswissenschaftlichen Studien widmete er sich zunächst dem diplomatischen Dienste der Vereinigten Staaten, deren Bürger er noch war, und wurde der amerikanischen Gesandtschaft in Wien zugetheilt.

Sein damaliger Chef Mr. Kasson ist zeitlebens sein Freund geblieben.

Im Jahre 1879 trat er eine mehrmonatliche Reise an, die ihn nach den Vereinigten

Staaten, nach Canada und bis zum Stillen Ocean führte.

Mit erweitertem Horizonte zurückgekehrt, beschloss er, unserem Lande ganz anzugehören und ihm seine Kräfte zu weihen.

Er erlangte die österreichische Staatsbürgerschaft und trat, durch seine frühere Verwendung, seine Sprachkenntnisse und Reisen auf das Entschiedenste vorgebildet, in den Dienst des k. und k. Ministeriums des Aeussern, der seinen Neigungen und seiner ganzen Lebensrichtung entsprach.

Während seiner 16jährigen Dienstzeit war es ihm gegönnt, verschiedene längere Reisen zu unternehmen; so nach Lappland mit dem bekannten Forscher Köchlin, nach Egypten, Griechenland, Spanien, Kleinasien, nach Palmyra, abermals nach Amerika und zuletzt nach Indien und Siam.

Allerwärts sammelte er mit grossem Verständnisse Kunst- und ethnographische Gegenstände, die gegenwärtig, seinen letztwilligen Verfügungen entsprechend, zum grössten Theile im k. k. Hofmuseum zur Aufstellung gelangen.

Im Laufe der Jahre stellte sich ein schweres Lungenleiden ein, das ihn aber nicht hinderte, seinem Drange zu folgen, die Kunst- und Naturschönheiten aller Länder zu sehen und zu geniessen. Die letzte Reise nach Siam, von der die nachfolgenden Blätter erzählen, hat er bereits als schwerkranker Mann angetreten.

Bis zuletzt kam er seinen Berufspflichten mit peinlicher Genauigkeit nach.

Er war seiner Mutter ein treuer, unendlich liebevoller Sohn und bewahrte seinen Freunden ein offenes, theilnehmendes Herz bis zum letzten Athemzuge.

Endlich überwältigte die Krankheit seinen schier unbeugsamen Willen und seine starke Natur, und er erlag seinen Leiden am 9. September 1896 in Neuwaldegg bei Wien.

AM MENAM.

Spiegelglatte See, Windstille und heller Sonnenschein bilden die meteorologische Ueberraschung, während der Zug von Nabresina nach Triest den Karst hinunterrollt und der mit Segeln und wenigen Dampfern gezierte Hafen sichtbar wird. — Im Hôtel de la Ville ist mein neuer Chef, der Gesandte für Ostasien, Baron Rüdiger Biegeleben, heute früh aus Venedig eingetroffen, und die letzten Stunden sind mit Briefschreiben und Commissionen ganz ausgefüllt. Ich hole meine Karte nach Singapore im Lloydgebäude und muss dort für die „Panatica" allein (Verköstigung) $25^3/_4$ Napoléons erlegen: eine unangenehme Pille! Dann fahre ich auf den

22. November 1888.

neuen Molo, um den dort verankerten „Poseidon", der die Ehre haben wird, mich und mein Glück zu tragen, zu besichtigen und meine Cabine zu belegen. Es ist alles in Ordnung, und beim Frühstück im Hôtel Delorme lerne ich durch einen alten Universitätscollegen den wackeren Commandanten des schönen Fahrzeuges, den Capitän Spiro Mersa kennen — „der beste unter allen Lloydcapitänen", sagt mein Freund — es ist ein kleiner, magerer Mann mit grauen Haaren und Schnurrbart, mit „zerquetschter" Nase, sehr beweglich und aufgeweckt, soignirt und gut angezogen, ein charmanter, liebenswürdiger Mensch — nebstbei (last not least) ein Seemann di primo cartello! Gegen $^1/_{24}$ Uhr bin ich wieder an Bord, wo der Regierungsvertreter beim Lloyd, Contre-Admiral Biringer, der Präsident der Triester Seebehörde, Alber, und der Verwaltungsrath P. versammelt sind, um Abschied zu nehmen — die meisten Passagiere sind schon da, auch die zwei Jagdhunde des Gesandten und sein unübertrefflicher Kammerdiener Harrison, nur die Hauptperson fehlt, Baron Biegeleben selbst! Laufen, Suchen, Fluchen, Schimpfen; schliesslich wenige Minuten vor 4 Uhr erscheint der Vermisste, ich stelle ihm rasch die Honoratioren vor, einige Phrasen werden gewechselt, das Schiff wird klar gemacht, und Punkt 4 Uhr gleiten wir hinaus in die Adria „en route pour les Indes". Bald verschwinden die letzten Häuser Triests, wir passiren den Golf von Muggia, Perasto, Rovigno; auf der Höhe von Pola nehmen wir unser erstes Diner an Bord ein; „il tempo si guasta"; es wird kalt und windig, tangaggio und Rollen!

23. November.

Das Wasser ist wieder ruhig und still, die Sonne scheint warm, und wir fahren lustig bei Lesina und Lissa vorüber, im Hintergrunde der weisse Kamm des Vellebich. — Viermal bin ich schon hier gewesen, 1876 auf dem Wege nach Corfù, von wo aus ich mit den Professoren Adolf und Franz Exner die Morea und dann allein Anatolien durchritt; 1880 mit dem amerikanischen Gesandten Kasson die dalmatinische Küste entlang nach den Bocche und Cetinje; 1884 mit Felix Karo nach Egypten, wo ich mit dem Gesandten Baron Thömmel zusammentraf und hierauf Palästina und Syrien durchzog; 1885 endlich zum zweiten Male nach Cairo, diesmal im Dienste, um dort den Winter bei der diplomatischen Agentie zuzubringen. Nun fahre ich zum fünften Male die schöne Küste hinunter, freundlich grüsst Lesina, wo ich 1880 landete und das alte Kloster mit seinem schönen Palmbaume bewundern durfte. Mittags ist schon die albanesische Küste in Sicht: auch hier ist noch Alles voll Schnee, wohl der letzte, den wir längere Zeit hindurch sehen dürften.

Der „Poseidon" ist ein famoses Boot, 3874 Tonnen Gehalt, Compoundmaschine (leider keine Triplex wie am „Imperator"), elektrisches Licht in allen Räumen, ein grosser Speisesaal mit zwei, manchmal drei langen Tischen; an einem präsidirt der edle Mersa, am andern der zweite Capitän, ein junger lustiger Triestiner, übrigens der einzige unter den Schiffsofficieren, der deutsch spricht.

Oberhalb des Speisesaales ist das Musikund Lesezimmer, darüber das kleine Rauchcabinet, welches auf das breite Oberdeck mündet; hier sitzen und liegen in ihren bequemen oder unbequemen Stühlen die etlichen 30 Passagiere, die viele Wochen lang unsere einzige Gesellschaft bilden sollen; noch sind alle in Decken und Pelze gehüllt, das dürfte in wenigen Tagen wohl anders werden. Ein stattliches Contingent liefert das hohe k. u. k. Ministerium des Aeussern! Da ist der Gesandte Biegeleben, schlank, 40 Jahre alt, mit kleinem Schnurrbarte, das Monocle stets eingeklemmt, höchst intelligent, einer der tüchtigsten unserer jüngeren Diplomaten, — dann sein ergebenster Secretär: ich! — Rittmeister Rudolf Fuchs, der nach Zanzibar als Consul geht und uns bis Aden begleitet; — Consul Goracucchi aus Port Said, der vom Urlaube auf seinen Posten zurückkehrt, — mit ihm ist seine Frau, eine Tochter des mir aus Cairo wohlbekannten khedivialen Leibarztes Abbate Pascha, — dann ein anglo-indischer Officier, Captain

Vivian mit charmanter kleiner Frau, — ein Kamerad desselben, Captain Bunker, — ein Privatdocent aus Jena, Dr. Johannes Walther, der als Geologe mit Schweinfurth gereist ist und jetzt nach Ceylon fährt, — ein junger Kaufmann aus Madras, Mr. Scott, — ein dicker deutscher Kaufmann mit mehreren dünneren Berufsgenossen, — Signor Gino Pertile, der Procurist unseres Consuls Brand in Singapore, der mir viele Auskünfte über dortige Verhältnisse gibt, — der Director der Eastern Telegraph Co. in Kurrachee (Sind) mit seiner Frau zweifelhaften Alters, ein Ehepaar Namens Possmann, welches Fuchs vor Jahren in Bushehr in Persien gekannt hatte, ein Constantinopolitanischer Photograph aus Bombay, Vuccino, ein grosser, starker brünetter Grieche, der mein Tischnachbar zur Rechten ist (mein linker ist Biegeleben) — endlich und schliesslich 7, sage sieben Missionäre, welche nach der Nordküste Australiens zurückkehren, meist Tiroler oder Italiener.

Der Koch ist ein Cordon bleu, der wahre

Vatel, der uns mit Delicatessen überschüttet, — wie soll das werden? Heute Nacht sollen wir in Brindisi sein, dort kommen wohl noch Passagiere mit, wenigstens glaubt es der Commandant. — Biegeleben ist in seinem „stateroom" eingesperrt, um noch Briefe und Berichte nach Wien vorzubereiten.

Brindisi. — Der gute „Poseidon" liegt hier gemüthlich im engen Hafen, wenige Schritte vom Landungsplatze, dem Hôtel gerade gegenüber, darüber blinkt die einsame korinthische Säule, der letzte Rest des alten Brundusium — ans Land zu gehen ist kaum der Mühe wert, nur Fuchs unternimmt es, uns Whistkarten zu kaufen, da wir keine auf dem Schiffe auftreiben können. Am Ufer stehen schon die längste Zeit zwei Damen und schauen den Dampfer an, wir beobachten sie unsererseits mit Feldstechern; kommen sie mit oder nicht? Grosse Aufregung, — während wir alle bei Tische sind, erscheinen die interessanten Frauenzimmer endlich, — also neue Gefährtinnen. Es ist eine Mrs. Mackenzie, Frau des Collector of Berar in

24. November.

ROM SÄULE
BRINDISI

Central-Indien, Colonel M. und ihre bildsaubere 17 jährige Tochter Rose, sehr nette Leute. — Um 2 Uhr dampfen wir langsam ins Ionische Meer hinaus: Mar Morte, heftiges Rollen! Das machen die sieben Missionarii!

26. November. Gestern hatte sich das Meer wieder geglättet, in der Frühe kamen schon die griechischen Berge in Sicht mit ihren wundervollen Farbentönen; ein Einblick in den Golf von Korinth und auf die südlich davon gelegene Clarenza, die einstige Residenz der burgundischen Villehardouin, wo ich mit Exners am Wege nach Olympia übernachtet, wecken alte Erinnerungen an meine erste Orientreise, wir gleiten an Kephalonia und Zante vorüber, dem köstlichen „Fior di Levante". Ithaka bleibt leider dieses Mal verdeckt; dafür fahren wir nachmittags kaum einen Büchsenschuss entfernt an Navarino und Sphakteria vorbei, wo der kleine Leuchtthurm an Stelle eines türkischen Castells ein neues Wahrzeichen bildet; spät am Abend erscheint im Osten Cap Matapan, und bald leuchten die Feuer von Candia herüber. —

Ein kleines Cayenne mit Biegeleben, Goracucchi und Pertile hat brillanten Erfolg und beschliesst würdig diesen schönen Tag! Heute, welcher Contrast! Lange, heftige Wellen rollen südlich von Kreta gegen die syrische Küste zu, und der gute „Poseidon" hat seine gewohnte Ruhe gegen die Bewegungen einer Prima Ballerina vertauscht: er springt, tanzt, stampft, schüttelt seine Schraube aus dem Wasser, stöhnt und kracht! Wie ruhig würde die norddeutsche „Saale", welche ich vor drei Monaten von New-York nach Bremen benützte, in diesen verhältnismässig stillen Gewässern sein? Die meisten Genossen sind auch krank, alle Damen sind unsichtbar, ebenso Biegeleben, Pertile, Vuccino e tutti quanti. — Beim Speisen erscheinen nebst dem Commandanten und mir blos die beiden Consuln! Und auch ich werde mich freuen, wenn wir die Rollerei los sind! Gestern überreichte Biegeleben dem dicken, gesprächigen Pertile eine reizende silberne Cigarettendose, sowie ein Zündetui vom Erzherzog Carl Ludwig, als Dank für die den

Bardi's erwiesenen Freundlichkeiten. — Der Gesandte hätte die Geschenke nach Singapore bringen sollen, da wir ihn aber mit am Bord haben, so gab er sie ihm schon hier. — Heute kein Whist, manque de partenaires! Hoffentlich morgen! O, diese Missionarii!!

27. November. Der Wind hat sich so ziemlich gelegt, das Thermometer steht auf 19°C., und aus allen Ecken kriechen die tapferen Passagiere heraus, um sich zu sonnen und für den gestrigen Tag zu entschädigen. — Abends spät sollen wir in Port Saïd eintreffen; hoffentlich erst morgen, denn bei dem Lärm des Kohlens könnten wir ja doch nicht schlafen. Goracucchi und Frau sind über die bevorstehende Ankunft nicht sonderlich entzückt; denn nun heisst es wieder zwei volle Jahre in dem trostlosen Orte aushalten. — Signor Pertile vertraut mir seine geschäftlichen Leiden an: sein Vater Professor in Padua, sein Onkel Chlumecky, seine Vettern Brandis in Mähren, sein Verhältnis zu Brand in Singapore und seine bevorstehende Etablirung dortselbst mit einem Herrn van der Pals! Zwei ge-

schlagene Stunden dauert die Erzählung!
Ich habe ihm ja nichts zu Leide gethan!
Abends wieder Whist: nun haben sich aber
die Blätter gewendet, ich verliere alle Rubber,
und der Patzer Pertile gewinnt. — Mme. de
Goracucchi, deren Mann ganz ausgesäckelt
wird, ist ganz unglücklich!

Port Saïd. — Ein alter Bekannter, in
dem ich 1884 mit Thömmel und Leo Karo
eine unvergessliche Nacht mit ungezählten
Wanzen zugebracht: der „Poseidon" liegt
gerade beim New Hotel verankert, ich stürze
auf Deck und ans Land, um Gewehrpatronen
zu kaufen; hélas, es sind keine aufzutreiben;
ganz Port Saïd wird abgelaufen, doch umsonst; so muss ich denn den Gesandten als
unbewaffneter Führer begleiten: was nutzt
das Gewehr, wenn es nicht gerollt ist! Wie
ich wieder am Bord bin, fällt mir Borheck,
unser Legationssecretär in Cairo, in die
Arme; er war herübergefahren, um den ihm
aus Persien befreundeten Fuchs zu begrüssen;
von meiner Anwesenheit wusste er natürlich
nichts. — Schnell wurden de part et d'autre

Fragen über alte Freunde gestellt und beantwortet, er erzählt von Cairo und den dortigen Insassen, — das mir so lieb gewordene Egypten ist wieder da, oder besser „ich bin wieder dort"! Indes wartet schon ein schönes, neu lackirtes Boot mit 8 Matrosen, um uns (Biegeleben und mich) nach dem Menzalehsee zu führen: der Hafenadmiral Privilegio Pascha, ein früherer Lloydcapitän, hat sich eingefunden, um den Gesandten zu begrüssen und ihm seine „Gig" zur Verfügung zu stellen. — Mit kräftigen Ruderschlägen führen uns die in weisse Uniformen gekleideten Schwarzen eine Meile ungefähr den Canal hinein, hier wird festgemacht und durch den Sand über einen schmalen Hügelrücken gewatet, um dann auf einer elenden Fischerbarke eine vis-à-vis liegende kleine Insel zu erreichen. Doch scheint mein Jagdpech den Gesandten angesteckt zu haben: von den vielen Reihern, Wildgänsen und Flamingos fällt keines, — ich strecke mich im Sande und träume von den vielen in Egypten verlebten schönen Tagen; mit den Matrosen suche ich meine paar Brocken Arabisch zu verwerten und so die Rückkehr des Chefs abzuwarten. Endlich kommt er wieder, und wir segeln und rudern zum Dampfer zurück. — Es ist spät, ein Besuch bei Goracucchi's ist nicht mehr möglich, denn um 3 Uhr dampfen wir langsam in den Canal, — Sand, Wasser, Menzalehseen, Ballahseen; Tausende von rosafarbigen Flamingos, Riesenschwärme von Pelikanen, ungezählte Enten! Dabei muss man ruhig zusehen! Bei einbrechender Dunkelheit wird am Bug eine grosse elektrische Lampe angezündet, und so fahren wir auch die Nacht fort. Diese Lampen werden sammt den dazugehörigen Maschinisten den einzelnen Dampfern um wenige Pfunde vermiethet, und kommt dies den Letzteren ebenso zu statten wie den Besitzern der Lampen. Bei El-Kantara halten wir, um einen Zug entgegenkommender Schiffe, P. & O., Niederländer, Deutsche, vorbeizulassen, — die Wüste, die elektrischen Lichtstreifen, das glänzende Band des Canales bieten einen merkwürdigen Anblick. Vor vier Jahren fuhren wir in entgegengesetzter Richtung auf der kleinen egyptischen Postbarkasse bei Vollmond — es war wohl weniger interessant, aber viel stimmungsvoller. Der Lloydagent Terenzio aus Port Saïd fährt mit grosser Familie nach Suez mit. — Der Salon war dadurch überfüllt, und wir mussten auf Deck, was heute nicht gerade angenehm war, da ein eiskalter Wind aus der Wüste daherstrich; trotzdem haben Borheck, Fuchs und ich mehrere Flaschen dem alten Lesseps geopfert.

29. November. **Suez.** — Die letzte bekannte Etappe auf meiner Tour; von morgen an ist Alles neu! Als wir in der Frühe beim Ausgang des Canales anlegen und Borheck mit Aufträgen und Grüssen für Cairo beladen ans Land gehen will, carambolire ich auf der Salontreppe mit einem schlanken, eleganten, in weisse Flanells gekleideten Jüngling. Gegenseitiges Aufschreien, Erstaunen und Händeschütteln: es ist ein alter Jagdgenosse, Prinz Paul Sapieha, der nach Indien will und schon einen ganzen Tag in Suez mit meinem constantinopolitanischen Collegen Grafen Hein-

rich Coudenhove auf den „Poseidon" wartet.
Letzterer reist nach Mysore und eventuell
nach Cuch-Behar, um Tiger zu schiessen,
und scheint eine gute Vorschule dafür durchgemacht zu haben, da er Jahre in Argentinien
und Paraguay zugebracht hat. — Noch ein
neues Gesicht taucht unter den Passagieren
auf, das mir aber gleichfalls bekannt scheint:
endlich erkenne ich es, Professor Franz Seraphin Exner, mit dem ich vor vielen Jahren
den Peloponnes bereist und den ich seit 1876
in Athen nicht wieder gesehen, fährt nach
Ceylon, um dort im Auftrage der kaiserl.
Akademie der Wissenschaften den Erd- und
Luftmagnetismus und die Erdelektricität zu
studiren, währenddem ein anderer Gelehrter
die gleiche Aufgabe unter demselben Meridian in Sibirien durchführt. Dieses zufällige
Wiederzusammentreffen nach so langer Zeit
an einem so ausgefallenen Orte ist doch merkwürdig! Sapieha und ich miethen noch rasch
zwei Esel und gollopiren kühn in die Stadt,
um beim ersten Kafinion noch zu guter Letzt
einen egyptischen „Schwarzen" einzuneh-

men. — Wie heimlich kommt mir hier Alles
vor, die Fellachen in blauen Kitteln, die bekannten
verschmitzten braunen Gesichter,
die verschleierten Weiber und mit Fliegen
bedeckten Kinder, die tapferen Esel und zudringlichen
Eseljungen! Dazu die ausgestorbenen
Strassen mit den zerfallenen Moscheen.
Eine Schar lärmender „Poseidonier", die auch
nach Suez geritten, überholt uns jetzt, es sind
die deutschen Kaufleute, die auf ihren Eseln
höchst komisch aussehen; auch wir ziehen
zurück und erreichen nach einem erbitterten
Kampfe mit den bakschischlüsternen Treibern
das Schiff. Um 2 Uhr dampfen wir ab,
links die Mosesquellen heiteren Angedenkens,
rechts die prächtigen Berge des Gebel Ataka,
— bald kommt das Gebirge der Sinaitischen
Halbinsel in Sicht, prachtvoll geformte Felsen,
dunkelroth, kahl und öde, aber von unbeschreiblicher
Grossartigkeit, — eine Spitze
weit im Süden ist vielleicht der Gebel Serbal;
der Gebel Musa jedenfalls nicht; diesen bekommen
wir leider nicht zu Gesicht. Vor
Tor ist es schon ganz finster, aber ein Sonnen-

NAHE DEM SINAI

untergang „allererster Güte" hat noch die Küste mit den prachtvollsten Tinten belebt; — der ganze Himmel mit rosa, rothen, gelben und orangefarbigen Wolken bedeckt — wunderbar schön. — Dr. Walther erzählt vom Guardiano des Leuchtthurmes von Tor, bei dem er einst einige Zeit gewohnt, als er die dortigen Korallenriffe untersuchte; der Mann soll eine höchst interessante Sammlung von Hüten besitzen, die, von den Reisenden hier über Bord geworfen, bei seinem Thurme angeschwemmt werden; die nach Süden Fahrenden entledigen sich ihrer europäischen Kopfbedeckungen um Solar Topees aufzusetzen, — die Heimeilenden vertrauen wieder die Sonnenhüte dem Meere an, — so hat der Thurmwächter die reichhaltigste Collection aller möglichen und unmöglichen Hüte!

30. November.

Ueber das Promenadedeck ist ein doppeltes Leinenzelt gespannt, wobei sorgsam auch die kleinsten Sonnenstrahlen durchlassenden Oeffnungen verdeckt werden; eine einfache Tenda würde gegen Sonnenstich keinen genügenden Schutz bieten. — Alle dicken Kleider sind abgelegt, und sämmtliche Passagiere erscheinen in abenteuerlichen Sommeranzügen, — die Hitze fängt schon an, 27° C. — In der Frühe sehen wir weit hinter uns die Insel Shadwan, vor der Einfahrt in den Golf von Akabah, — sonst ist kein Land in der Nähe. Abends Musik! Coudenhove singt den „Trompeter von Säckingen" und Mme. Possmann begleitet.

1. December. Das Rothe Meer rechtfertigt seinen Ruf, es ist wirklich warm, schon 32° C. im Schatten. — Das Anziehen zum Speisen ist schon eine Corvée, und der Gesandte ist so correct! Das Leben am Bord ist recht einförmig: um 7 Uhr gehe ich auf Deck, trinke dort in Gesellschaft des guten Mersa Kaffee, rauche, plausche und lasse mich vom Winde anwehen; um 8 Uhr Bad, und zwar im Privatbadezimmer des Commandanten, dann Toilette, — um 9 Uhr Frühstück, hierauf ruht man sich von den Strapazen des Morgens aus, liest, spricht mit den Damen, schläft ein wenig und erwartet geduldig 1 Uhr nachmittags, da man zum Tiffin hinabgeht. — Einige Stunden

vergehen wieder mit Plauschen, Lesen und
Schlafen, — um 3 Uhr wird „Tauende"
(Quoits) gespielt, um 4 Uhr Thee mit Butterbrot verzehrt und dadurch der Weg zum Diner
um 6 Uhr geebnet. Vorher wird noch ganz
Toilette gemacht, — nachher wird zur Abwechslung auf Deck geplauscht, geraucht und
geschlafen! Man sucht das „südliche Kreuz"
und freut sich, noch drei Sterne des grossen
Bären zu sehen. — Um halb 10 Uhr wird
Thee mit Butterbrot eingenommen, und dann
eilt man ins Bett, um sich auszuruhen von
den harten Mühen des Tages! Meine Cabine
ist die erste bei der Treppe an der Backbord-
seite, also mit Morgensonne, gross, bequem
und verhältnissmässig kühl, — die mir anfangs
unangenehm aufgefallene pyramidale Härte
des Bettes ist mir jetzt erklärlich; bei dieser
Hitze könnte man auf weicher Matratze gar
nicht schlafen. Coudenhove ist so wie ich
ein fanatischer Bewunderer Arabiens, wir
sprechen stundenlang von Palgrave und Lady
Blunt, vom Nedschd und dem Emir Ibn
Reschid; dies auf der Höhe von Dschedda!

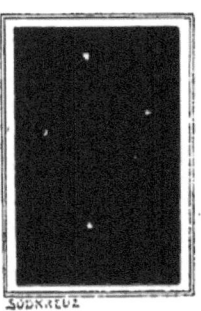
SÜDKREUZ

2. December. Unseres Kaisers 40jähriges Regierungsjubiläum: bei Tische erscheinen wir Oesterreicher alle im Fracke mit Orden, auch der Commandant hat sich in Gala geworfen. Biegeleben hält auf deutsch und französisch eine kurze, aber sehr gute, kernige und fesche Rede; auch einer der Anglo-Indier spricht einen Toast, und so kommt mit Hilfe des Sects eine sehr gehobene Stimmung in unsere kleine Kaiserfeier, — dies bei der angenehmen Temperatur von 35^0 C. in dem Speisesaale. — Nach Tisch erzählt mir der liebe Pertile wieder seinen Streit mit Brand!

Sapieha weiss nicht, wohin er eigentlich reisen soll; jagen kann er nicht, da er nur mit einem kleincalibrigen Express ausgerüstet ist; er spricht kein Englisch, dürfte demnach allein schwer fortkommen; ich schildere ihm die Wunder des Hofes von Siam und bitte den Gesandten, ihn zur Mitreise als Honorar-Attaché aufzufordern; dies geschieht, und so ist allen geholfen. Sapieha ist glücklich, auf so bequeme Weise nach Ostasien zu kommen, Biegeleben hat für die Mission ein sehr schätzbares Mitglied und ich habe einen angenehmen jungen Collegen erworben! Wir passirten heute den Gebel Tür, einen aus dem Meere aufragenden unbewohnten vulcanischen Felsen; bald darauf eine ganze Reihe solcher dunkelbrauner Inseln, lauter erloschene Krater, einige mit üppiger Vegetation, die sogenannten „zwölf Apostel". — Dr. Walther hatte einige hübsche Skizzen derselben gemacht, als ein unerwarteter Windstoss sein Zeichenbuch davonträgt!

Bei Nacht ist die Hitze in den Cabinen unerträglich; ich schleppe meine Matratze auf das obere Deck, wo es erträglicher ist, und entdecke, dass viele andere auch so klug waren!

3. December.

Hohe See, mit kurzen, unangenehmen Wellen, — der „Poseidon" kommt nicht von der Stelle, wir machen kaum 10 Knoten in der Stunde, vor einigen Monaten machten wir auf der „Gascogne" 18! Trotzdem 36°C., in der Cabine 38°! das ist schon nicht zum Aushalten, Alles schwitzt und stöhnt und jammert.

DIE 12 APOSTEL.

4. December. In der Frühe sehen wir die Minarets von Mocha. Arabien erscheint als ein kahler gelber Streif, im Hintergrunde eine bläuliche Gebirgskette. Um Mittag nähern sich beide Ufer, das arabische ist ganz nahe; öde röthliche Felsen, sehr zerklüftet, nicht ein Haus, kein Baum; das afrikanische, von dem wir etwas weiter entfernt sind, scheint auch nicht fruchtbarer zu sein. Vor uns die Insel Perim mit ihrer kleinen Festung, an der Nordspitze ragen die Maste eines grossen Dampfers aus dem Wasser, daneben liegen noch drei Wracks, — wir sind eben in Bab-el-Mandeb, im Thore der Thränen, wo seit Jahrtausenden die Schiffe zugrunde gehen. Auf Perim ist eine Garnison von 30 Sepoys und einem Lieutenant, der — einer Erzählung der Mrs. Mackenzie zufolge — zuweilen ruhig in England wohnen soll, indessen seine vorher sorgsam vorbereiteten Berichte alle Monate von Perim aus abgeschickt werden. Der Verkehr mit der Insel ist sehr dürftig, in letzterer Zeit halten allerdings einige nach Australien und Ceylon bestimmte Dampfer lieber dort als in

dem entfernten Aden, um die nöthigen Kohlen einzunehmen. Im Jahre 1855 kam ein französisches Kanonenboot nach Aden, wo die Officiere auf das gastlichste aufgenommen wurden; bei einem vom Militärcommandanten gegebenen Bankette erzählten die Franzosen von ihrer am kommenden Morgen bevorstehenden Abfahrt, — um das Ziel ihrer Reise befragt, entwischte dem bereits angeheiterten Capitän der Name „Perim"! Als am nächsten Tage die Franzosen vor dieser Insel erschienen, war daselbst bereits die englische Flagge gehisst, und englische Soldaten waren eifrigst beschäftigt, Erdarbeiten aufzuwerfen. So wurde Napoleons Plan vereitelt, und die Engländer beherrschen den Eingang ins Rothe Meer. — Links an der äussersten Südspitze des Festlandes erscheinen die neuen weissgetünchten Kasernen von Scheik Selim, „Saleya", welche soeben von der türkischen Regierung errichtet worden sind, — ein grauenvoller Posten für die armen Nizams. — Perim bleibt rechts liegen, wir ändern unsere Richtung nach Osten und befinden uns im indischen Ocean. — Es ist verhältnismässig kalt, 31° C. im Schatten, und wir athmen alle erleichtert auf, der Nordost-Monsum ist unser Retter! Um Mitternacht fällt die Ankerkette rasselnd ins Meer: wir sind in Aden.

5. December. Um 6 Uhr früh sind schon alle auf den Beinen, die ersten Kohlenleichter kommen auf uns zu, und wir entgehen dem Schmutz und Lärm, indem wir alle ans Land übersetzen. Der „Poseidon" liegt 2 Meilen von Steamer-Point, dem Hafen von Aden, die rothen vulcanischen Felsen des Gebel Shamshan machen sich prächtig; auch hier kein Baum, kein Grashalm, hie und da ein kleines, in den Berg hineingebautes Bungalow; neben uns eine Menge Dampfer, ein indisches Wachtschiff, der riesige Truppentransport „Euphrates", eine französische Corvette, die deutsche Glattdeckcorvette „Victoria", daneben viele arabische Segler, in der Luft Tausende von Möven. Wir landen unter grossem Geschrei der Somalis, welche die Hauptbevölkerung auszumachen scheinen, und fahren in einem

netten, mit einem Zeltdache versehenen Einspänner nach rechts zur Post, dann wieder zurück und weiter zu den räthselhaften „Water-Tanks", die, wahrscheinlich 600 a. D. errichtet, von den Engländern theilweise hergestellt worden sind und jeden auf der Halbinsel Aden fallenden Regentropfen auffangen sollen. Wer die ursprünglichen Erbauer dieser riesigen Reservoire waren, ist unbekannt — vielleicht die Sabäer? Vor den Tanks ist ein kleiner Garten, Victoriapark, der mit unsäglicher Mühe und fortwährender Bewässerung grün erhalten wird. Die Stadt Aden ist eine sehr grosse, reinliche arabische Stadt; ganz im Osten liegt Aden Camp, die Residenz der Officiere, wo die Kasernen, Kirche, Spital u. s. w. stehen. Der felsige Weg zum Hafen ist ganz an den Bergwänden und durch dieselben hindurch ausgehauen, lange Tunnels bilden einen sicheren Schutz gegen jeden Ueberfall, Züge von Kameelen aus dem Innern, schlanke, gut gewachsene Araber in weissen Mänteln, nackte Derwische, prächtige Somalis und Suahelis, Juden in

CISTERNEN ADEN

langen Kaftanen, auch indische Soldaten beleben die Strasse, die 5 Meilen bis Steamer Point sich hinwindet. — Biegeleben, Sapieha und ich kaufen in einem Parsiladen schöne rothe Leibbinden (Kummerbands) und schlürfen dann im grossen, kühlen Salon des Hôtel de l'Europe deliciösen arabischen Kaffee, während Coudenhove die Somaliweiber näher untersuchen will. — Die Hitze ist hier wieder kolossal, 38° C. im Schatten, wie denn Aden der heisseste Fleck der ganzen Erde sein soll, — seit 2 $^1/_2$ Jahren hat es nicht geregnet! Um Mittag wandern wir zurück zum „Gun Wharf", der indische Polizist verschafft uns ein Boot, und wir werden wieder zum alten „Poseidon" gerudert. Hier ist am Promenadedeck reges Leben: jüdische Händler mit schlechten Straussfedern, indische Geldwechsler mit Rupien, mexicanischen Dollars und Maria Theresia-Thalern; Suahelis mit hübschgefärbten Graskörben, Araber aus Hadramaut mit merkwürdigen Fischen und Krabben drängen sich heran, und kleine Somalijungen mit gelbgefärbten Haaren

springen für Silberstücke ins Wasser, die sie
geschickt herausbringen, — für eine Rupie
springen sie auf einer Seite hinein, tauchen
unter das Schiff und kommen auf der anderen
Seite wieder herauf, — andere umschwärmen
in schmalen Canoes den Dampfer, bereit, jeden
Augenblick ein weisses Geldstück aus der
Tiefe herauszufischen, und alle füllen die
Luft mit fürchterlichem Lärm: „Have a dive,
have a dive, ha-hi, ha-hi, have a dive, à la mer,
à la mer", so geht es im Takt fort, am lautesten ein etwa 10 Jahre alter Bub mit einem
Beine, das andere hat ein Haifisch gefressen,
trotzdem schwimmt er frech wie alle anderen
herum. Endlich sind wir fertig, die „Natives"
werden mit Strickenden zum Schiff hinausgejagt, und wir gleiten um 2 Uhr hinaus in
den Ocean; den ganzen Abend höre ich es
aber nachklingen: „have a dive, ha-hi". —
Der kleine einbeinige blondköpfige Schwarze
war ein lieber Kerl.

Fuchs hat uns in Aden verlassen recht 6. December.
niedergeschlagen und traurig, nun allein
nach dem entsetzlichen Zanzibar zu müssen

und vorher eine ganze Woche im Hôtel de l'Europe zu Steamer Point auf den British India Dampfer warten zu sollen, dazu hat er die ganze Zeit der hübschen Rose Mackenzie auf Leben und Tod den Hof gemacht und das Rothe Meer hindurch gebalzt wie ein Auerhahn. Schade um ihn, er ist ein netter Mensch, der den Orient von Grund kennt. Als er bei Maglaj ins Feuer ritt, rief der General Szapáry: „Der Fuchs muss überall dabei sein, bei jeder Jagd, bei jedem Rennen — aber wenn die Kugeln pfeifen, da ist er auch da!" — Mit seinem Momentapparat hat er uns alle photographirt — gruppenweise und einzeln, — hoffentlich ist es gelungen!

Die Hitze ist weniger drückend als im Erythräischen Meere, aber noch immer arg genug, — die angenehmste Zeit ist mein Morgenplausch mit dem Commandanten, da er mir Erlebnisse aus Ostasien und Indien zum Besten gibt, — wir bewundern dann stets den Kammerdiener Harrison, der mit der Pünktlichkeit der Schiffsuhr um 7 Uhr auf Deck mit den zwei Hunden erscheint und bis

8 Uhr mit denselben herumläuft — ob schön ob schlecht, Schlag 7, d. h. 6 Bells, erscheint er, adrett und rasirt, wie aus der Schachtel gezogen — 8 Bells haben noch nicht ausgeklungen, so verschwindet er wieder, und Bompa, eine schöne englische Setterbitch, und Neptun folgen ihm nach. — Es wird viel gelesen, Biegeleben ist mit der „Reise S. M. Corvette Frundsberg" beschäftigt, ich lese Mantegazza's „India", Häckel's „Ceylon", Sir John Strachey's „India", ein famoses Werk, Johnson's „Oriental Religions", Schlagintweit's „Indien", — Sapieha studirt Hübner's „A travers l'Empire Britannique" und Coudenhove lernt mit einem in der zweiten Classe befindlichen Hinduarzte, der soeben in Edinburgh promovirt hat, Hindostani.

7. December.

Das Meer ist wie ein Teich, „not a ripple", manchmal nur durch fliegende Fische oder durch einen Hai gestört, zuweilen ist eine Schule Delphine zu sehen, auch Black Whales, die ich zuletzt im August an der Küste von Nova Scotia beobachtet. Manche Stunde verbringe ich mit dem Gesandten in der „Steerage", wo eine ethnologische Sammlung ersten Ranges ausgestellt ist: vor allen fünf Somalis, aus Ebenholz geschnitzte Herculesse, prachtvolle Kerle; zwei Familien aus Hadramaut, der Pater familias hat längere Zeit in Java gelebt und spricht mit Pertile malayisch; ein Jerusalemitanischer Jude, der nur arabisch versteht und uns mit dem wohlbekannten „Marhaba" empfängt, — einige Hindus, die von Aden nach Bombay zurückkehren, schliesslich eine böhmische Musikbande aus Karlsbad, einige der Mädchen sind hübsch, es ist ein Jammer, die armen Leute immer im Freien, ohne Zelt der Sonne ausgesetzt zu wissen; eine der Musikantinen hat heftiges Fieber, das unser Schiffsarzt, ein alter Südtiroler Dorfbader, der nie aus seinem Canton herausgekommen, kaum heilen dürfte. — Die II. Classe besteht aus dem erwähnten Hindudoctor, aus Harrison und fünf weiteren Missionären, welche sich durch besonderen Bekehrungseifer hervorthun; sie trachten nicht nur die Somalis, die gute Mohammedaner sind, zu convertiren, sondern versuchen auch die dalmatinische Schiffsmannschaft auf bessere Wege zu bringen; Mersa ist wüthend, da sie seinen Matrosen das Arbeiten am Sonntag als Sünde vorhalten.

Von Cap Guardafui und Sokotra war leider nichts zu sehen, da unser Cours zu nördlich ist, dafür erblickten wir die hadramautische Küste von Makalla, eine jetzt wohl eben so wenig bekannte Gegend wie zu Zeiten Wrede's.

8. December.

Noch immer 34° C. in der Cabine, also furchtbar! In Bombay soll es aber viel wärmer sein, dazu Tausende von Mosquitos! Die Aussicht ist wahrhaft rührend! Fast alle Männer schlafen auf Deck, sogar Biegeleben habe ich Nachts im Spielsalon entdeckt. — Mrs. Mackenzie hat sich vom Schiffszimmermann einen sehr praktischen Windfang machen lassen, der an ihrem Fenster angebracht ist.

9. und 10. December.

Gestern gaben die Deutschen ein grosses Concert und Ball, wobei unsere Karlsbader zu Ehren kamen. — Heute Abend arrangirte ich im Auftrage der Oesterreicher und Engländer eine Wiederholung des Festes und brachte bei der herrschenden Brathitze einen Cotillon zusammen, der Alle athemlos und todt aufs Deck hinsinken liess; — durch Champagnercup und Eis einigermassen erholt, raubte uns ein bis Mitternacht dauernder „Sir Roger de Coverley" die letzten Kräfte. — Biegeleben und der wackere Commandant rasten wie Studenten.

11. December. Heute Nacht sollen wir in Bombay einlaufen, — es ist schon höchste Zeit, da meine gesammte Wäsche erschöpft ist und ich nothwendig einer Neuausrüstung bedarf. — Wir erscheinen auch bei Tisch in den abenteuerlichsten Aufzügen, z. B. Lackschuhe, weisse (?) Flanellhosen, Seidenhemd, schwarzes Smokingjacket, Atlascravatte, u. s. w. — Die Fahrt war im Ganzen äusserst angenehm, die vollkommene Ruhe, das prachtvolle Wetter, die nette Gesellschaft, die zuvorkommenden Officiere, dies Alles wurde nur durch die grosse Hitze beeinträchtigt, die mich so wie die meisten Mitreisenden stark hergenommen hat. —

Bombay. — Der „Poseidon" hat vor dem Apollo Bunder Anker geworfen, von Passagieren und Officieren wird herzlicher Abschied genommen, auch von dem eben erscheinenden Oberst Mackenzie (Bruder des Leiters der East African Co.); — ein dicker Parsee, dem ich ein Trinkgeld geben will, der aber, wie ich höre, der Besitzer von 4 Lacs (400.000 Rupien) sein soll, bringt unser Gepäck in Ordnung, und endlich um 7 Uhr dampfen Biegeleben, Sapieha, Coudenhove und ich in der Barkasse der Lloyd-Agentie ans Land und sind bald darauf in dem riesigen, aber im Umbau begriffenen Watson's Esplanade Hôtel einquartiert. Nun beginnt ein harter Tag. Sapieha und ich stürzen uns sofort in die verschiedensten Läden; es ist keine Zeit zu verlieren, da wir in drei Tagen mit der „Thisbe" weiter fahren sollen; also zuerst

12. December.

zu Asquith & Lord um Solar Topees, grosse Sonnenhüte mit blauen golddurchwirkten Puggarees, um seidene Hemden und Cravatten, zu Treacher & Co. im Rampart Row um Patronen, zu Badham Pile um weisse Leinenschuhe, zum Hinduschneider Lacka in Medow Street um drapfarbige Kháki-Anzüge und Pujamees, zum Zahnarzt Walton und zum Haarschneider u. s. w. Im öst.-ung. Generalconsulat treffen wir den charmanten Stockinger und dessen Viceconsul Prumler, sowie zwei tagsvorher angekommene Landsleute, Grafen Géza Széchényi und Grafen Ernst Hoyos, beide von ihrer amerikanischen Reise aus mir wohlbekannt, — sie kommen zur Tigerjagd und sind mit über 70 Empfehlungsbriefen ausgerüstet, darunter vom deutschen Kaiser, der Königin Victoria u. s. w. Nach dem Tiffin fahre ich mit Biegeleben nach dem wundervoll gelegenen Malabar Point, um beim Gouverneur Lord Reay Karten abzugeben, unddann zum monumentalen Victoria-Terminus, wohl dem schönsten Bahnhofe der Welt, eher einer gothischen Kathedrale gleich, um die Ankunft des aus Indien scheidenden Lord Dufferin mitzumachen. Tausende von Zuschauern, alle Farben in Costümen und Haut, weisse, schwarze, gelbe, braune, röthliche Gesichter, Parsees mit ihren schwarzen Schornsteinhüten, Guzeratees, Bengalees in weissen enganliegenden Mousselinkleidern, Punjabees in Blau und Gold, Afridis in Braun, kurz der Regenbogen in allen Schattirungen, wie Mantegazza sagt: „eine Orgie von Menschenfleisch". — Vicekönig und Gouverneur rollen in sechsspännigen Wagen vorbei, von prächtigen roth und goldenen Lanzenreitern umgeben, dahinter Punjabees in Roth, Nachkommen der Sikhs, und Ghoorkas zu Fuss in braunen Uniformen und riesigen Turbans, gedrungene kräftige Gestalten von ausgeprägt mongolischem Typus. — Der erste Eindruck Indiens ist überwältigend, viel mehr so als Egypten, da hier die tropische Vegetation beiträgt, die riesigen Banianen, *Ficus religiosa*, die Cocospalmen, die Toddypalmen, die Arecapalmen, die prachtvollen rothen Blumen, grüne Papa-

Trimurti – Elephanta

geien, welche die Rolle der Spatzen zu übernehmen scheinen, die Flederfüchse, die von den Aesten herabhängen. — Abends Diner im Royal Yachtclub mit Biegeleben, Hoyos und Széchényi und dann mit ersterem zum Theater, wo eine Amateurtruppe zu wohlthätigem Zwecke die „School for Scandal" aufführt. Vicekönig und Marchioness of Dufferin, Maharajas mit Diamanten und anderen Edelsteinen besäet, Reays, enfin „tout Bombay". — Um 12 Uhr Rückkehr zu Watsons, — ein schöner Arbeitstag! Noch viele solche und ich gleite ins „kühle Grab", wohl der einzige Ort, der hier kühl ist.

13. December. Um 11 Uhr versammeln wir uns am Apollo Bunder und fahren in der Lloydbarkasse nach Elefanta, einer kleinen, nordöstlich von Bombay gelegenen Insel mit merkwürdigen Höhlenbildwerken. — Biegeleben, Sapieha, die Possmann's, Vivian's, Exner, Walther und noch einige unserer reichsdeutschen Mitpassagiere landen unter Anführung des „Secondo" bei sengender Gluthitze gegen 1 Uhr am kleinen Eilande, wobei von Stein zu Stein eines

langen Piers gesprungen werden muss, dann grosse Kletterei! In den Tropen ist die Rolle eines Bergsteigers entschieden ungemüthlich, und besonders faule Leute, darunter ich, lassen sich in von nackten Buben getragenen „Dandys" den Hügel hinaufführen. Oben Besichtigung und Bewunderung der riesigen Reliefs (vide aller über Indien je erschienenen Reisebeschreibungen). — Tiffin im Schatten eines gigantischen Banianbaumes und dann, ohne die kleinste Cobra gesehen zu haben, Rückfahrt zum Apollo Bunder. Abends $1/_2 8$ Uhr Diner bei Stockingers auf Malabar Ridge in einem schönen Bungalow mit prachtvoller Aussicht auf die Stadt. Mm. S. ist eine charmante, sehr hübsche Engländerin, die mit einer Gesellschafterin uns sowie Prumler und Pertile aufs Liebenswürdigste die Honneurs machte. Die Rückfahrt um die Back-Bay, wohl 5 Meilen bei kühler, wirklich balsamischer Luft unter dem tropischen Sternenhimmel war ein Genuss!

14. December.

Besichtigung der hauptsächlichsten „Löwen", erstes Frühstück bei Stockinger und dann unter seiner Leitung zum heiligen Bramanendorfe Valkeshwar mit seinem berühmten Teich, zu den „Thürmen des Schweigens", der Begräbnissstätte der Parsees, zum Hindu-Verbrennungsort auf Malabar Road, — nachmittags zum Victoriapark und dem interessanten Museum. Vom Yachtclub aus wohnen der Gesandte und ich der Abreise des Marquess of Dufferin bei; am Apollo Bunder ist ein rothes, mit Gold verziertes Zelt errichtet, alle Notabilitäten, Natives in grosser Gala und Civilbeamten und Militärs in Uniform, sind versammelt — Reden und Kanonensalute, auch seitens eines im Hafen liegenden russischen Kriegsschiffes. Abends Expedition mit Coudenhove und Sapieha zu den „Hind-Bibis" in Byculla; — einige der kleinen Hindumädchen sind hübsch und wie aus Bronze gegossen, besonders eine Namens Jumna, welche sofort das Herz des leicht entflammbaren Coudenhove gewann; so ziehen wir von Haus zu Haus, suchen vergebens eine „Nautch" (Bajaderentanz) zu arrangieren und hören blos ohrenzerreissende Musik. — Die

NAUTSCH GIRL

„Thisbe" ist beschädigt, ihr Schaft soll gebrochen sein, wir reisen daher erst Dienstag den 18. mit unserem alten Schiffe „Poseidon" weiter.

Mit Sapieha zu dem Victoria Market, wo die merkwürdigsten Fische, Pflanzen und Früchte feilgeboten werden. Uns sind so ziemlich alle unbekannt, — dann grosse Bummelei in den Bazars, im sogenannten Black Town. Bei Vuccino lassen Biegeleben, Sapieha und ich uns photographiren, — bei der herrschenden Wintertemperatur eine Höllenarbeit, — der Compagnon Vuccino's hat Sapieha schon in Krakau photographirt; merkwürdiges Zusammentreffen! Nachmittags mit dem Chef nach Byculla zum Race-Course, wo Stockingers in einem sehr feschen Four-in-hand ankommen. — Die Rennen selbst sind schwach, aber das Publicum, besonders das ganz abgesonderte einheimische Element, ist amusant; bei den Rennen, an welchen Natives gehörige Pferde theilnehmen, sind keine englischen Pferde zu sehen. Abends wieder im Yachtclub, der sehr hübsch

TURM DES SCHWEIGENS

eingerichtet, grosse kühle Halle und angenehme Veranda mit Blick auf den Hafen hat. — Das Hôtel ist zwar billig, aber schlecht, die Bedienung unter aller Kritik, man soll schon in Indien immer seinen privaten „Servant" haben, der auch bei Tisch bedienen muss.

16. December. Tiffin bei Stockinger auf Malabar Ridge, — die Fahrt dorthin zur Mittagszeit, unter der Mittagssonne, wobei wir statt in den geschlossenen Gharies in meinem grossen offenen Miethslandauer sitzen, dürfte wohl an Hitze absolut nichts zu wünschen übrig lassen. — Nach dem Frühstück, an welchem auch Széchényi und Hoyos theilnehmen, erscheinen auf der Veranda viele Händler mit Waffen, Stickereien, Elfenbeinminiaturen aus Delhi, Silberschmuck u. s. w., wofür horrende Preise verlangt werden. Im Auftrage des Gesandten stelle ich der gleichfalls hier anwesenden Frau Marie von Amerling ein Vorschreiben für die Consulate in China und Japan aus. — Abends bei Watsons macht der Gesandte mir Vorwürfe, dass wir bei dem doch so langen Aufenthalte von der Umge-

bung Bombays, ausser Elefanta nichts gesehen; ich proponire sofort einen Ausflug nach den Carli Caves, wir werfen schnell den Frack ab, ziehen leinene Anzüge, Reitstiefeln etc. an, und um 11 Uhr nachts rollen Biegeleben, Sapieha und ich den „Ghats", dem hohen Küstengebirge zu. — Vorher Abschied von Coudenhove, der morgen nach Mysore, und von Exner und Walther, die nach Jeypore reisen.

17. December.

In unserem bequemen Coupé konnten wir bis $^1/_2$ 5 Uhr morgens die 78 Meilen ruhig verschlafen, d. h. die Anderen konnten es, ich dagegen musste fortwährend auslugen, um die Station Khamballa nicht zu übersehen. Dort angelangt, werfen wir schnell unser spärliches Gepäck einigen Coolies zu und marschieren in der finsteren Nacht zu dem eine Meile entfernten Dack Bungalow, — prachtvolle kühle, würzige Gebirgsluft, wie wir schon lange keine eingeathmet. — Das Bungalow ist offen, aber leer, in einem Zimmer brennt eine Lampe, wir dringen hinein, legen uns auf die zwei Betten und einen

Lehnstuhl und setzen schleunigst den unterbrochenen Schlaf fort. — Um 7 Uhr weckt uns der portugiesische Khitmatgar, bestellt Pferde, servirt uns ein copioses Frühstück, und um 8 Uhr traben wir schon lustig auf netten kleinen Ponnies den Carli Caves zu — 7 Meilen — d. h. 5 Meilen auf der Heerstrasse, dann noch zwei über Felder und dann etwa $^1/_2$ Stunde Fusskletterei. Der grossartige in den Felsen gehauene Jain-Tempel erinnert lebhaft an eine Kirche, die Schnitzereien sind superb, das daneben ausgehauene Kloster höchst merkwürdig. — Unter Bakschisch- und Salaam- und Sah'b-Rufen der zahllosen Bettelkinder treten wir den Rückweg an und gelangen um 1 Uhr heiss und staubig wieder in Khamballa an, wo ein famoses Tiffin unser harrt. An der Bahn treffen wir einige Tiroler Jesuiten, darunter einen früheren Lehrer Biegeleben's, jetzt Rector der katholischen Universität in Bombay, — und dampfen um 2 Uhr wieder ins Tiefland hinab. — Die Bahn ist herrlich, die Berge prachtvoll, die Aussicht auf die

CARLI CAVE

in Sonnengluth liegende Ebene und das glitzernde Meer im Hintergrunde wundervoll. — Um $^3/_4$ 7 Uhr nachmittags rollen wir in den Victoria-Terminus ein, und sofort stürzen wir ins Hôtel, denn um 8 Uhr ist Diner bei Lord Reay, also verdammt wenig Zeit zu verlieren. — Die Einladerei war komisch: Samstag war Sapieha, Sonntag war Biegeleben, Montag war ich (und zwar per Telephon) zu demselben Festessen eingeladen worden! In grösster Eile wird gewaschen, rasirt, angezogen, und um $^1/_2$ 8 Uhr fahren wir die schon wohlbekannte Strasse um die Back Bay nach Malabar Point — grosser Park, riesiges einstöckiges Bungalow, an der Treppe roth und goldene Lanzenträger mit blauen Turbans; oben Empfang durch verschiedene Aide-de-Camps mit roth ausgeschlagenen Fräcken. Vorstellung bei Lord und Lady R., grosse Versammlung, Széchényi, Hoyos, ein russischer Admiral mit seinen Officieren und viele Andere; solennes Diner mit Tafelmusik und hinter den Stühlen stehenden, roth und goldene Fächer wedelnden Schwarzen, —

alle Diener in Roth und Gold mit weiss und goldenen Turbans, aber ohne Fussbekleidung! Toast Lord Reays auf unseren Kaiser, Volkshymne, kurzer Spruch Biegeleben's auf die Gesundheit der „Queen Empress", und die Damen räumen endlich das Feld und lassen uns mit Cigarren, Kaffee und etwa 40°C. zurück! Von der grossen, das ganze Haus abschliessenden Veranda entzückender Blick auf die Tausende von Lichtern der Stadt. — Gegen 11 Uhr brechen wir auf, d. h. wir wollen es thun, aber dafür bricht an unserem Wagen die Deichsel, und wir müssen eine halbe Stunde auf die Reparatur warten, indessen uns der erste Aide-de-Camp Captain Bruce Hamilton sehr nett die Honneurs macht und uns mit Wisky pegs überschütten möchte. Der Chef und Sapieha gehen noch zu einem im Yachtclub stattfindenden Ball, ich aber suche erschöpft das wohlverdiente Bett auf.

18. December. Vormittags Begleichung aller Rechnungen, Abschied vom Generalconsulate und von Vuccino, auf der Dampfbarkasse zum alten „Poseidon", wo die Mannschaft in weisser

Gala aufgestellt und die Officiere uns an der Treppe empfangen, — in dem Augenblicke, als Biegeleben das Deck betritt, wird am Hauptmast die öst.-ung. Flagge gehisst, Viceconsul Prumler und Lloydagent v. Hofer winken aus ihrem Boote Grüsse zu, und um 6 Uhr werden wir endlich flott und nehmen den Cours direct nach Süden.

19. December.

Wieder auf unserem alten Schiffe zu sein, ohne Zwang, ohne Etiquette, ohne den in den Tropen unerträglichen Frack, wieder die gemüthlichen Morgenplaudereien mit dem guten Mersa und das stundenlange Nichtsthun auf Deck ist ein Genuss nach den gehetzten Tagen unseres Aufenthaltes in Bombay, der correcten Stadt, wo sich jeder Engländer nachmittags von seinem Diener den Cylinder oder braunen steifen Hut nachtragen lässt, um ihn Schlag 5 Uhr statt des Solar Topee aufzusetzen, wenn die Sonne auch noch so heiss brennt, — nach 5 Uhr darf von Jedem qui se respecte kein „Pithhat" getragen werden! Die zahlreichen Passagiere des „Poseidon" sind sehr zusammenge-

schrumpft, es bleiben nur die Gesandtschaft, Freund Pertile, ein Reichsdeutscher ohne Vorderzähne, der, von Buschiri-ben-Salim und seinen Arabern aus den Pflanzungen der deutschen ostafrikanischen Gesellschaft bei Pandani vertrieben, versuchen will, in Sumatra oder Borneo Kaffee zu bauen; ferner ein Franzose aus Kaschmir, der von Hirschjagden im tiefen Schnee erzählt und dadurch unseren Neid erregt, und ein junger Engländer, der in Ceylon Theepflanzungen besitzt. Wir tragen mit Wonne unsere neuen Khakikleider, d. h. drapleinene Hosen und bis zum Halse zugeknöpfte Jacken, dann noch Strümpfe und weisse Leinenschuhe — sonst gar nichts! Temperatur 32°C. im Schatten, wie wird das wohl im Sommer sein? Coudenhove dürfte, wie man mir sagt, in Mysore wenig Glück mit Tigern haben: es ist für die Bestien jetzt viel zu kalt!

Abends erzählt mir Pertile als Neuigkeit seinen Streit mit Brand!

20. und 21. December. Der „Poseidon" fährt die Küste von Malabar entlang, — der Strand ist theils dunkelgelb,

theils dunkelroth, dahinter dichte Cocospalmen-Waldungen, noch weiter die westlichen Ghats. Gestern passirten wir Mangalore und heute Trivandrum, die Residenz des Maharajah von Travancore; ein grosses weisses Gebäude mit Kuppeln hebt sich von der rothen Farbe des Sandes deutlich ab, wohl das Palais? Wir sind stets regungslos in horizontaler Lage, — der Franzose hat mir eine Anzahl Nummern des „Gil Blas" geliehen, und ich entdecke darin reizende Skizzen Pierre Loti's über Japan. — Abends sehen wir weit nach links Cap Comorin, den südlichsten Punkt Indiens, morgen sind wir in Ceylon.

Colombo. — Nach ausgiebigem Frühstück fahren wir im Gig des Commandanten mit vier weissgekleideten Matrosen unter dem Befehle des „Secondo" gegen 9 Uhr ans Land: rechts der riesige neue Wellenbrecher, der Colombo erst zu einem practicabeln Hafen gemacht, und über den der Gischt der kolossalen Wellen fortwährend spritzt; neben uns eine französische Corvette, ein anderer Lloyddampfer (die „Medea" aus

22. December.

SINGHALESIN

Calcutta), eine grosse amerikanische Yacht, viele kleine Segler und für uns von besonderem Interesse hunderte von „Outriggers", specifisch ceylonischen Booten mit parallel mittelst zwei Querstangen befestigten Balancirhölzern. — Am Molo wimmelt es von fremdartigen Menschen, wieder eine ganze Musterkarte, sehr verschieden von Bombay: vor allen die eigentlichen Singhalesen, zarte, gutgeformte braune Menschen, das lange Haar mit breiten Kämmen zusammengehalten, mit lichtblauen Seidenkleidern und vielem Silberschmuck; die dunkleren, kräftigeren Tamils, halb oder meistens ganz nackt; die schwarzen „Moormen", Nachkommen von arabischen Emigranten, Abkömmlinge der Holländer und besonders der Portugiesen: diese letzteren scheinen den ganzen Kleinhandel an sich gerissen zu haben, denn die Aufschriften an den Läden weisen lauter de Silva's, Ribeira's, Pereira's, de Soutzo's auf, während die Träger dieser stolzen Namen sich äusserlich durch nichts von den Singhalesen unterscheiden, zum Unterschiede von den portugiesischen Eurasiern aus Goa, welche bei pechschwarzer Farbe den europäischen Typus behalten haben. — In einem mit Seitensitzen und einem Zeltdache versehenen Einspänner traben wir davon, während eine Art singhalesischer Comprador, ein quasi Cicerone mit sechs Fingern an der Hand und einem schönen Haarkamm aus Silber, zu uns hinaufspringt und nicht mehr abzuschaffen ist. Vom Hafen zur Post, von da zum Telegraphenamte, weiter zum öst.-ung. Consulate, das nach langem Suchen in dem englischen Geschäftshaus Aitken entdeckt wird, wo alle möglichen Aufschriften, nur die eines k. und k. Consulates nicht angebracht ist und wo der frühen Morgenstunde (10 $^{1}/_{2}$ Uhr) wegen noch kein Mensch anwesend ist (!), alle Strassen von üppigen Bäumen beschattet, ja überwölbt, so dass die Häuser oft unsichtbar sind, ein Gewühl von Wagen, „Bullock Carts", zweirädrigen Ochsenkarren, Elefanten, Jinrickshaws, dieser japanischen seit kurzem hier eingeführten Erfindung, von den Yankees „Pullman Car" getauft! Die Luft ist nass, Alles

TAMILIN
(eyion)

tropft von Feuchtigkeit, schwarze Wolken bedecken den Himmel, dabei eine angenehme Temperatur von beiläufig 36° C.! Wir trocknen die schwitzenden Stirnen und fahren einen prachtvollen Weg, den „Galle Face Road", drei Meilen zu den „Cinnamon Gardens", den alten holländischen Zimmtplantagen, theils durch Banianenbäume, theils durch einen herrlichen Cocospalmenwald hindurch. — Die Fahrt durch diese tropischen Wälder, die wundervollen Blumen in hundert Farben um uns her, dazu der meisterhaft gehaltene weiche dunkelrothe Weg, — es ist berauschend. Im Museum sind recht interessante Sammlungen, viele ethnographische Gegenstände, ein schöner Marmorlöwe und viele andere Sculpturen aus den verlassenen Städten im Norden der Insel, vielerlei unbekannte prachtvoll gefärbte Vögel und Schmetterlinge, ausgestopfte Elefanten, Löwen und kleine zierliche „Maushirsche". — Doch es drängt die Zeit, wir stürzen noch in einen Curios-Laden, kaufen dort einem würdigen de Silva verschiedene Ebenholzelefanten, ebensolche aus Elfenbein,, sowie alte Waffen ab und erreichen knapp den um 2 Uhr nach Kandy abgehenden Zug. Am Bahnhof übergibt Harrison seinem Herrn noch den guten Neptun, und wenige Minuten darauf rollen wir schon weg. Langsam verschwindet Colombo mit seinen 100.000 Einwohnern, wir fahren durch dichte Cocoswälder, jetzt durch niedrigen Jungle immer steigend, an „Paddy fields" Risièren, bald an Theepflanzungen vorüber, der Weg wird immer grossartiger, — da geht endlich der lang verhaltene Regen an (in Ceylon regnet es alle Tage von 3—7 Uhr), es schüttet, wie es nur in den Tropen schütten kann, in Schäffen. — Da die Aussicht verdorben, trösten wir uns im Restaurantwaggon, wo ein guter Tiffin und besonders eine riesige Cocosnuss uns laben und stärken. Bei der mitten in den Bergen gelegenen Station Ambepussa erblicken wir einige bildhübsche Singhalesinen, — himmelblau seidene Jacken, enganliegende hosenartige Kleider aus weisser Seide, grosse silberne Arm- und Fussringe und ein breiter Gürtel aus rosa Crèpe! Um

$^1/_2$ 7 Uhr erreichen wir in strömendem Regen die alte Königsstadt Kandy und erhalten im Queens Hôtel nach vielem Schimpfen meinerseits zwei annehmbare Zimmer, — eine in der erwähnten Yacht angekommene amerikanische Cookgesellschaft minderer Qualität hat eben Alles überschwemmt.

23. December. Das war eine nette Nacht! Durch die natürlich offenen Fenster (Glasscheiben gibt es in ganz Ostasien nicht) tropft der Regen fortwährend ins Zimmer, wo Sapieha und ich mit Mosquitos, mit Ameisen, mit der Hitze und der Feuchtigkeit Verzweiflungskämpfe führen! Auch der Gesandte scheint kaum besser geruht zu haben, denn er bezeichnet seinen grossen nach vorne gelegenen Salon als einen „Zoologischen Garten", voll neuer ihm unbekannter Thiere, darunter auch die berühmten „Flederfüchse". — Die Anderen gehen in die Messe, dann wir Alle zum Buddha-Tempel, der erste, dem wir begegnen, wo uns die gelbgekleideten Bonzen in die Bibliothek und in die eigentliche Daghoba führen, uns mit Jasminblüthen bekränzen und einen vom

früheren englischen Gouverneur gespendeten goldenen Teller mit langer Pahli-Weihinschrift, leider aber nicht den bekannten Zahn zeigen. — Letzterer, die heiligste Reliquie Buddha's, ist übrigens falsch. — Dafür ist die Aussicht vom Tempel auf den „Kandysee", der wie ein glitzernder Brillant in der Mitte der Stadt liegt, sowie auf die rings umliegenden Höhen, den sogenannten Lady Hortons Walk, bezaubernd. — Noch einen Blick auf den aus Holz geschnitzten Festsaal der alten Könige, und wir fahren nach Peradenia, dem grossartigsten botanischen Garten der Welt. Eine breite Chaussée, zu beiden Seiten eine Reihe riesiger kerzengerader Gummibäume, *Ficus elastica*, dazwischen wilde Bananen, an zahllosen Häusern vorbei, die in Cocosnusspalmen, Brotfrucht- und Kaffeebäumen fast verschwinden, davor nackte Singhalesen, Kinder, Tamils, ganze Schaaren von Hunden, welche den hinter unserem Wagen galoppirenden Neptun kläffend anfallen und ihm fast den Garaus machen; — 4 Meilen tropischer

BUDDHA TEMPEL

ADAMS PIC

Schönheiten bis zum Eingang, trotz des Regens wohl der herrlichste Blick auf unserer Reise: Dattelpalmen, Cocospalmen, Taliputpalmen, Arecapalmen, Toddypalmen, Palmettopalmen, Fächerpalmen, Gemüsepalmen (cabbagepalms) „Fernpalms", dann Brotfrucht-, Gummi-, Cacao-, Jackfrucht-, Nutmegbäume! Der berühmte Coco-de-Mer der Seychellen, die riesenhaftesten Guttaperchabäume, zahllose Ipomäas, Bignonien, Orchideen, Banhinien u. s. w. Es ist erdrückend! Zu Mittag sind wir wieder in Kandy, und nach dem Tiffin und einigen hastigen Einkäufen fahren wir den grossartigen Gebirgsweg nach Colombo zurück. Im Restaurationswagen sind zwei nette Engländer, einer der Bruder des im Sudan gefallenen Generals Earl, — bei einer Biegung der Bahn und gleichzeitiger Lichtung der Wolken zeigen mir dieselben den einen Augenblick sichtbaren spitzen Kegel des Adams Peak; ich eile sofort zu meinen Begleitern, um ihnen den heiligen Berg vorzuführen, ein seltenes Glück, da Capitän Mersa ihn bei allen seinen

Fahrten nur dreimal zu Gesicht bekam. —
Jetzt erscheinen wieder die Theeplantagen,
Reisfelder, Cocosnusswälder, Jungle und un-
übersehbare Sümpfe, und um 5 Uhr empfängt
uns Harrison mit Bompa am Colombaner
Bahnhof. Noch einen Sprung zu de Silva in
High-Street, noch einiges Feilschen und
Handeln um Curios und Photographien, und
dann führt uns des Captains Gig mit den
schmucken Dalmatinern an Bord. — Der
Gerent des Honorarconsulates Patterson und
der Commandant der neben uns verankerten
„Medea", dem ich Grüsse für seinen Schiffsarzt Dr. Merk auftrage, sowie der gefällige
Lloydagent G. A. Marinich verabschieden
sich noch in aller Eile, und um 8 Uhr dampfen wir schon hinaus in volle See.

24. December.

Es regnet in Strömen, es giesst, es schüttet,
die dumpfe, heisse, nasse Luft ist unerträglich.
Gegen 9 Uhr Abends entdecke ich Biegeleben
mit einem sehr tragischen Gesicht und Pertile
neben ihm im höchsten Affect perorirend in
einer Ecke des Rauchzimmers, — er erzählt
jetzt ihm die Affaire mit Brandt!

25. December, Christmas day. Weihnachtstag! Mitten im indischen Ocean, es regnet wacker fort, dafür bläst es aber fest, und der alte „Poseidon" fängt an heftig zu stampfen, die Fastenspeisen — in Oel schwimmend — haben auch ihre Wirkung nicht verfehlt, und wir Alle ohne Ausnahme, vom Commandanten bis zum letzten Matrosen erfreuen uns der schönsten Dysenterie! Ich wackle missmuthig und etwas trübsinnig in meine Cabine und finde dort nebst einer Christmas Card eine prächtige getriebene silberne Schale, altbirmanische Arbeit aus dem Schatze des Königs Thebaw, als Weihnachtsgeschenk des Gesandten; der Eindruck ist kolossal, — alle Wehmuthsgedanken verschwinden wie mit einem Zauberschlage (leider nicht die Dysenterie), und wir stürzen zu Biegeleben, um ihm gerührt und dankbar die Hand zu schütteln; denn auch Sapieha hat eine Kashméri Coupe erhalten, blaue und grüne Emaille auf Silber, und Mersa ist gleichfalls betheilt!

26. December. Alles im Gleichen: die Dysenterie ist noch unerbittlich, ebenso der Regen, ebenso die

OBERSCHALE

feuchte Hitze. Das Schlafen bei Nacht hat seine Schwierigkeiten: in der Cabine ist's zu warm, auf Deck zu nass, — ich lege meine Matratze in eine Ecke des Claviersalons und trachte dort in Gesellschaft beider Collegen die Misèren zu vergessen. — Heute sollen wir S. M. Corvette „Fasana" mit dem Erzherzog Leopold an Bord gekreuzt haben, ich selbst konnte bei diesem Regen nichts sehen. — Neptun hat meine ihm am Wege nach Peradenia erwiesene Wohlthat nicht vergessen: ich rettete ihn dort von den singhalesischen Kötern, deren er sich, vom Laufen ganz erschöpft, nicht mehr erwehren konnte, indem ich ihn auf unseren Wagen hinaufhob und seine Gegner vertrieb. — Seitdem kennt er mich und leckt mir dankbar die Hände. — Die Hündin Bompa ist von der Hitze sehr angegriffen und frisst nicht mehr, hoffentlich übertaucht sie es. Ich lese Bock's „Land des weissen Elefanten", um doch einige Vorkenntnisse für Siam zu erwerben, lerne aber verteufelt wenig daraus.

27. December. Das Wetter ist schon grauslich; was man anrührt, klebt und pickt, in den Cabinen ist es schier unerträglich, auf Deck tropft es überall durch, dazu die unerhörte Schwüle; die Luft ist zum Ersticken — der Teufel hole die Tropen! Biegeleben spricht von einer Spritzfahrt nach Java, wenigstens bis Batavia, die wir von Singapore aus unternehmen sollen. Wenn es nur dazu kommt! Heute fahren wir gegen Mitternacht an der Nordspitze von Sumatra vorbei, nur wenige Meilen von Atchin, das wie gewöhnlich in hellem Aufruhr gegen die Holländer sich befindet. — Ein Jammer, dass wir davon nichts sehen, da Mersa von der prachtvollen Vegetation und den Farben dieser letzteren schwärmt; der „Poseidon" kommt halt nicht von der Stelle, die in Aden eingenommene Kohle ist sehr schlecht und die Maschine ist verletzt, — wo, ist hier nicht herauszufinden. Wir machen kaum $9\,^1/_2$ Knoten mit vollem Dampfe! Und wir sind noch alle krank!

28. December. Noch immer krank! Doch dürften einige energische Dosen Ricinusöl bald helfen, be-

CHINESISCHER SAMPAN

sonders da die mehrere Tage hindurch verschwundene Sonne wieder sichtbar wird. — Abends ist der ganze Horizont in Flammen: hunderte von Blitzen zucken fort und fort auf, besonders in der Richtung nach Sumatra. Die Luft ist von Elektricität übersättigt; manchmal scheinen förmliche Vulcane aufzuschiessen — ein grandioses Schauspiel. — Um 1 Uhr weckt mich Mersa: die Mastspitzen, alle Raaen, überhaupt alle Vorsprünge des alten „Poseidon" stehen in Flammen! Ueberall brennt gleichsam eine senkrechte Kerze. — Es ist das Feuer von Sant Elmo! Nach einer halben Stunde hat Alles aufgehört: die Kerzen sind verlöscht, die Blitze und Vulcane verschwunden, das Schiff ist wieder im Finstern, nur von der Maschine und den wenigen Laternen erhellt. Ich krieche auf meine Matratze zurück und sehe zu meinem Bedauern, dass die Anderen dies herrliche Naturspiel verschlafen haben!

Pulo Penang. — Wir ankern seit Morgengrauen in einer entzückenden Bucht: westlich die dunkelgrüne Insel, ganz mit dichtem

29. December.

Laub bewachsen, sehr gebirgig, hie und da weiss getünchte Häuschen, welche aus den Bäumen und Sträuchern hervorleuchten; gleich neben uns ein Theil der Stadt (Georgetown) mit grossen Warenlagern (Go-downs), dem Gefängnis, der Signalstation, an deren Mastbaum bereits unsere (die Lloyd-) Farben flattern, — östlich die kaum zwei Seemeilen entfernte Küste des Festlandes, der Halbinsel Malacca, des „goldenen Chersonnes", hier der englischen Provinz Wellesley, nichts wie endlose Reihen schlanker Cocospalmen; im fernen Norden ein hoher kegelförmiger Berg, der schon zu Siam gehört, — das Endziel meiner Fahrt rückt schon sehr nahe! Um uns und die zahlreichen anderen Schiffe wimmelt es von Sampans, kleinen hochbordigen Booten, deren Ruderer theils splitternackte braune Malayen mit grossen Palmenhüten, theils gelbe bezopfte Chinesen, durch Schreien und Winken Passagiere zu gewinnen trachten. Einige kräftige Ruderschläge des Captains Gig, und wir landen an dem kleinen Pier der „Bethelnussinsel". — Ein ostindischer

Policeman verschafft den üblichen gedeckten
Wagen, und hinaus geht es lustig dem Innern
zu: derselbe dunkelrothe feuchte, vollkommen glatte Boden wie in Ceylon, auf dem
die Räder des „Gharry" geräuschlos rollen;
dieselbe schwere, regengeschwängerte Luft;
dieselbe drückende Hitze — doch die Dysenterie ist geschwunden; wie wir die Stadt
hinter uns haben, kommen die prächtigsten
Palmen- und Banianenwälder zum Vorschein,
kaum dass die sauber gehaltenen Bungalows
mit den breiten Verandas die Existenz einer
Strasse verrathen, — die Wipfel der Bäume
vereinigen sich über die Chaussée, nichts
wie Duft und tiefe gesättigte Farbe: grün,
roth, braun, — die Trauer, die düstere Stimmung der letzten Woche ist geschwunden,
fröhlich und lustig langen wir am Victoriapark an, wo trotz Schimpfens und Fluchens
der malayische Automedon das Weiterfahren
energisch verweigert. — Eine Verständigung
ist nicht möglich, eine am Eingang des Gartens angebrachte englische Tafel spricht von
„den dem Schutze des Publicums anvertrau-

PULO PENANG
GEORGE TOWN

ten Anlagen, etc." (ganz wie im Wiener Stadtpark), aber vom Fahren kein Wort, — da erscheint zu unserer Freude unter lautem Jubel Freund Mersa in Mufti, weiss mit grossem Sonnenhut: er will auch die Kühle des Wasserfalles geniessen, hat, wie bei jeder Reise, die Geschäfte des Aus- und Einladens dem Secondo überlassen und steigt, nachdem er uns das Benehmen des Kutschers erklärt, durch den nett gehaltenen Park links einen ziemlich steilen Weg hinauf, — üppige Vegetation, Schlingpflanzen von Baum zu Baum, dunkelblaue Riesenschmetterlinge, — an den Felswänden schnattern und grinsen die für uns ersten braunen Affen uns entgegen! Noch wenige Schritte und der kleine Wasserfall ist vor uns, links eine buddhistische, leider verschlossene Pagode aus grauem Stein, Alles im tiefsten Schatten, — wundervolle, für die Tropen fast kalte Luft, — der leise Sprühregen der Cascade erhöht noch die Labsal; doch nichts dauert ewig etc., eine Stunde der Erholung, unterbrochen durch vergebliche Versuche Baron Rüdiger's und von mir,

einen Stammesgenossen in Form eines Affen
herunterzuschiessen, und dann heisst's im
Laufschritt die zwei Kilometer wieder hinab;
in Schweiss gebadet finden sich alle beim
Parkeingang und kehren in dem nahe gelegenen Alexandrahôtel (?) ein — zwei mittelst einer Wandelbahn verbundene hölzerne
Häuser, von denen eines nur für Chinesen,
das andere auch für Weisse bestimmt ist, —
der Khitmatgar, mit einem langen Zopfe behaftet, spricht nur seine einsilbige Muttersprache, doch erhalten wir Thee, Conserven
und Albertkuchen, während der Chef mit
einem ganz kleinen zahmen Aefflein Freundschaft schliesst. Eine Jinrickshaw fährt heran,
darinnen Mr. Harrison im tadellosen Sommeranzuge und braunen steifen Hut, — der Mann
kriegt sicher noch den Sonnenstich, dabei
ist er so elegant und sauber, dass Sapieha
und ich längst jede Concurrenz mit diesem
Musterkammerdiener als vergeblich aufgegeben haben, — er will natürlich auch zum
Wasserfall! — Eine Stunde zurück; am
Wege wird ein im Baue begriffener grosser

Tempel besichtigt; durch viele breite, lange Strassen mit langweiligen Miethskasernen; aus den oberen Stockwerken lachen recht mittelmässige Chinesenmädeln auf uns herab; eine Razzia beim Photographen, der sehr dürftig versehen ist, ist wenig erfolgreich; — noch starre Bewunderung und namenloses Staunen: einige Engländer, die in voller Sonne bei ungezählten Wärmegraden um 2 Uhr nachmittags Cricket spielen! Für die vom Schatten eines Banianenbaumes aus zusehendes Natives wohl ein schwer erklärliches Schauspiel!

Am „Poseidon" wartet unser Consul Morstadt, ein liebenswürdiger, intelligenter Schweizer Kaufmann, um seine Aufwartung zu machen und sein tiefes Bedauern darüber auszudrücken, dass wir ihn in seinem schön am Penang-Hill gelegenen Bungalow nicht aufgesucht, — er erzählt vom Aufenthalte des Grafen Zaluski und der kürzlich hier zur Jagd gewesenen Grafen Wallis und Herberstein.

Wir haben viele Chinesen am Bord, gegen

200, Coolies, die in ihre Heimat zurückkehren und schon eifrig beschäftigt sind, ihr
schwer erworbenes Geld im Hazardspiel wieder zu verlieren. Manche kehren bereits in
Singapore um. — Das ganze Vorderdeck
wimmelt und duftet von ihnen, auch hat
der Commandant, der eine Idiosynkrasie
gegen sie hat, die Zugänge zu seiner Cabine mit Brettern einplanken lassen. —
Um Sonnenuntergang werden die Anker
gelichtet.

Die „Celestials" am Vorderdeck spielen   30. December.
und essen den ganzen Tag; ein landsmän-
nischer Unternehmer theilt fortwährend riesige Mengen Reis aus, welche ein Chinese
nach dem anderen in einer hölzernen Schale
abholt. Dabei ist die schon gestern etablirte
Bank in vollem Gange, silberne Mexicanos,
auch grössere Banknoten fliegen umher, —
der Croupier scheint gute Geschäfte zu
machen. — Letzter Tag an Bord des alten
Meeresgottes, den wir sehr lieb gewonnen;
besonders der alte Mersa ist ein Prachtmensch,
wenn er noch so sehr über die „maledetti

Cinesi" schimpft. — Die lange Ruhe ist nun bald vorbei, — in Singapore, wo wir einige Zeit bleiben sollen, werden Jagen, Segeln, Besuchemachen uns wohl ganz in Anspruch nehmen. — Wir fahren die Küste des „goldenen Chersonnes" entlang, leider ohne viel davon zu sehen, — nur die Gebirgsketten und gegen Abend auch schwache Spuren von Sumatra erinnern daran, dass wir in einer schmalen Meerenge sind.

31. December. Schon um 5 Uhr auf Deck, — wir steuern durch eine Unzahl kleiner, niedriger Inseln hindurch, mit reichster Vegetation überwachsen, die Aeste der Bäume, die Lianen, fallen fast ins Wasser, — rechts ist auf einem solchen Eilande ein Bungalow versteckt: ein alter Lloydcapitän hat sich dort zur Ruhe gesetzt, — links auf einer Anhöhe ein weitläufiges Gebäude mit hoher Flaggenstange, von der die französische Tricolore weht, es ist die Residenz des Messagerieagenten. — Seegelboote, Frachtdampfer in jeder Grösse und von jeder Nationalität, Sampans mit ihren braunen Ruderern, kommen uns ent-

gegen, rechts erscheinen immer neue Inselchen, links die Wharfs und Quais des neuen Hafens; wir halten vor einem grossartigen „Go-down" der Firma D. Brand & Co., rasselnd fällt der Anker ins Wasser, — Singapore. — Der Consul und gleichzeitig Lloydagent Brand, der mit seinem Compagnon Robert Engler, einem dicken, fröhlichen jungen Frankfurter sofort an Bord eilt, überbringt mit einem grossen Postpacket recht traurige Nachrichten: Der König von Siam, dem Biegeleben seine Creditive überreichen soll, reist am 4. Januar mit grossem Gefolge nach dem Norden seines Landes und bleibt zwei Monate fort, so dass wir entweder den ganzen Zweck der Mission, zu der ich entsendet, aufgeben oder in Singapore bis zum März warten können! Das ist speciell für mich ein harter Schlag, da der Gesandte bald beschliesst, nach Bangkok um kurzen Aufschub der königlichen Expedition zu telegraphiren, im Verweigerungsfalle aber mit dem „Poseidon" nach Hongkong weiter zu fahren, von dort sofort nach Tokio. — Ich,

der ich nur zur Creditiveüberreichung in Bangkog mitgeschickt bin, wüsste nicht, was in diesem Falle beginnen, doch bitte ich um Mitnahme nach Japan, wenn auch meine Diensteseigenschaft erlischt. — Hiemit ist Biegeleben ganz einverstanden, und nun heisst es alle Vorkehrungen treffen, denn heute Nachts fährt ein Dampfer der „Ocean Line" nach Siam, morgen der „Poseidon" nach Hongkong, — also für beide Eventualitäten muss gesorgt werden. — Unser ganzes Gepäck wird Harrison überlassen, der dasselbe in die Stadt bringen wird; wir fahren schleunigst die drei Meilen von Tangong Pagar ins Consulat, wo zahlreiche Briefe und Zeitungen, mittelst der englischen Post früher eingelangt, unser harren, darunter ein Cigarretenetui mit Neujahrsgruss von meiner Mutter. Zu Johnston & Co., deren Director, ein junger Engländer Namens Hooper, mir meinen Creditbrief sowohl nach Bangkok an Sigg & Co. als an die Mercantile Bank in Hongkong ausstellt. — Der Nervus rerum ist sichergestellt. — Sapieha muss, da in den

Ländern Sr. Siamesischen Majestät kein Papiergeld coursirt, sein ganzes Gerstel in Mexicanern mitschleppen, so dass er der silbernen Last fast erliegt. — Dann zum „Singapore-Club", einem schönen, grossen, am alten Hafen gelegenen Hause mit hohen kühlen Sälen und Säulengängen. Hier wird ein üppiges Tiffin mit vorzüglichen Banana-Fritters eingenommen, — dann wieder an die Arbeit, zu John Little am Raffles Square um Cigarren, Conserven, Briefpapier etc. Zurück ins Consulat, wo aus den in einem niedrigen Raume aufgespeicherten Koffern alle Utensilien für „evening dress" ausgepackt werden müssen, denn Brand hat uns zum Essen geladen und wir können in unserer leinenen Montur doch unmöglich erscheinen. — Da versagt mir fast der Muth: die Hitze ist in dem schwülen „Go-down" so ungeheuer, das Aus- und Einpacken aus den verschiedensten Koffern so entsetzlich heiss, dass Sapieha und ich, in Schweiss schwimmend und ganz übermannt, die Partie aufgeben wollen (der Gesandte war mit Brand und Frau in den botanischen

Garten gefahren, er hatte ja einen Kammerdiener, wir leider nicht). — Da erscheint um 5 Uhr Herr Engler mit einem Telegramm, das ich zitternd aufreisse: „Der König von Siam, Tschulalonkorn, hat seine Abreise aus Bangkok um einen Tag verschoben, wird den Gesandten daher noch empfangen können" — so depeschirt unser dortiger Consulatsgerent Masius. — Hurrah, das gibt frische Kräfte, und um 6 Uhr rollen Sapieha und ich in einem geschlossenen Gharry zum Brand'schen Bungalow, dem sogenannten Maharadscha-Bungalow, an der Siranganstrasse hinaus. Das Haus heisst auch „Bidadaré", Engelhügel; früher, als Brand, der Daniel heisst, noch unvermählt war, die „Löwengrube". Doch hinausfahren und richtig ankommen ist zweierlei: wir rollen wohl über eine Stunde, es ist ganz finster, der Kutscher versteht nur malayisch und kennt den Weg offenbar nicht — alle Augenblicke wird angehalten, schliesslich in einem grossen Garten eingekehrt und vor einem schönen am Hügel gelegenen Hause gehalten, kein Mensch zu sehen! Wir treten ein, besichtigen die Zimmer, die alle beleuchtet, aber léer sind. — Ein chinesischer Boy, der endlich erscheint, spricht kein Wort englisch, — was thun? Da bemerken wir im Speisesaal sechs Plätze gedeckt (also für uns drei, die Hausleute und Engler), das stimmt; auf einem Kasten ist als Monogramm D. B. gravirt — das benimmt jeden Zweifel, und sicher am richtigen Orte zu sein, lassen wir vom „Celestial" unsere Reisesäcke in die bereiten Fremdenzimmer tragen; es ist eben eine ganz verfluchte Geschichte, sich absolut gar nicht verständigen zu können — recht beschämend für unser Menschthum! In den Zimmern befinden sich unter den Divans, deren Decken aufklappen, schmale Treppen, welche in darunter gelegene Badecabinets führen, wo je ein irdener Topf von riesigen Dimensionen, mit Wasser gefüllt, zum Baden einladet. Kaum sind wir im Frack, als Brand's und der Gesandte auftauchen; sie haben sich verspätet, die Herren wechseln rasch Toilette, und um 8 Uhr sitzen wir an einem mit Blumen reizend geschmückten Tische und verzehren ein wahrhaft lucullisches Mahl, — nur die Temperatur ist trotz ununterbrochener Punkah etwas niederschmetternd. Nach Tisch verlassen wir das gastliche, mit vielem Geschmack eingerichtete Bungalow und fahren in den am anderen Ende der Stadt gelegenen deutschen Club „Teutonia", wo weit über hundert Reichsdeutsche und Schweizer zur Sylvesterfeier versammelt sind. — Festtafeln, sehr viel Sect, sehr viele Reden, Biegeleben hält einen famosen Speech (man sieht, dass er Bonner Corpsstudent gewesen), viel Musik und Männergesang: „Deutschland, Deutschland über Alles", „Aennchen von Tharau" u. s. w. Zum Schlusse epatantes Feuerwerk, von den zu Tausenden um das Clubhaus versammelten Natives mit wahrem Geheul begrüsst. Gegen 1 Uhr Nachts führen uns die freundlichen Brand's zum Hafen und in ein Sampan, und in wenigen Minuten kraxeln wir die Schiffsleiter der „Hecuba" hinauf, eines kleinen, schmalen, ganz mit Cocosnüssen gefüllten Dampfers der „Ocean Line". — Der bereits anwesende Musterdiener

Harrison empfängt uns mit der frohen Botschaft, die vier Cabinen seien alle von siamesischen Prinzen besetzt, der Capitän sei noch am Land, also keine Abhilfe möglich, — da ist nichts zu machen als ruhig zuzuwarten, — ich schreibe noch einige Zeilen nach Wien, welche ein chinesischer Schiffsjunge für einen Dollar Trinkgeld in einen singaporischen Briefkasten zu werfen verspricht, ein schottischer Maschinist versucht, mich zu einem Whisky und Soda zu bewegen, was ich endlich seinem total besoffenen Zustande zu Liebe hinunterwürge, schliesslich hüllen wir, noch immer in „evening dress", uns in Plaids, strecken uns am Oberdeck auf chinesische Liegesessel und schlummern, bis zum Tode ermattet, um 4 Uhr Früh ein: Das ist mein erstes „Neujahr" in den Tropen! Um 6 Uhr kommt der Commandant, wir lichten Anker und dampfen langsam in den Golf von Siam — wir schlafen ruhig weiter!

Die weiss angestrichene „Hecuba" mit ihrem hellblauen Schornstein (daher die Ocean-Line von Hold & Co. in Liverpool

Dienstag
1. Jänner 1889.

„Blue Funnel Line" genannt wird) ist wohl eines der ungemüthlichsten Fahrzeuge, die je im Meere geschwommen: Cabinen gibt es im Ganzen vier, eine erhält der Gesandte, eine zweite wird Sapieha und mir angewiesen, doch ist sie so schmutzig und ekelhaft und wimmelt dermassen von Ameisen und Schwaben, dass wir sie nur als Repositorium fürs Handgepäck benützen können, — die dritte hat ein siamesischer Prinz inne, königliche Hoheit Chowfa Krom Khun Narisranuwattiwongsa, der mit einem etwas englisch sprechenden Secretär und zwei anderen Begleitern von einer Tour nach Mandalay, der alten Hauptstadt Burmas, zurückkehrt; er ist ein Bruder des Königs (der deren achtzig haben soll) und schreibt den ganzen Tag an einem Reisebericht. — Die vierte Cabine bewohnt ein amerikanisches Ehepaar, Mr. und Mrs. Nead aus Philadelphia, die wahren „Globetrotters", die in drei Jahren bereits zweimal um die Erde gefahren, von Siam noch nach Indien, nach Korea und Australien wollen; dabei sind die guten Leute schon an die Sechzig!

Die Badehütte lässt an Einfachheit und Unreinlichkeit nichts zu wünschen übrig; am Oberdeck, wo wir uns alle in leidlich guten Liegesesseln niedergelassen, haben eine Menge scheusslicher kleiner Köter, Eigenthum des sonst gutmüthigen Capitäns, ihren Wohnort aufgeschlagen und zeichnen sich durch einen merkwürdigen Grad von Zudringlichkeit und dadurch aus, dass sie rings um uns kleine Tümpel und Häufchen zurücklassen, die die chinesischen Boys höchst selten wegzukehren belieben. — Die Kost ist elend, das Getränk noch mehr so, unsere Koffer sind unter einer vollen Schiffsladung von Cocosnüssen ganz unnahbar, dabei schaukelt und stampft das liebe Schiff wie besessen. — „Was ist uns Hecuba?" frage ich den traurig und blass hingestreckten Chef. „Ein Greuel!" wird prompt geantwortet.

Die chinesische Südsee, auf der wir uns seit gestern befinden, ist nichts weniger als angenehm, — kurze Wellen von Nordost heben und senken die verflixte „Hecuba" ununterbrochen, die Passagiere schimpfen und

Mittwoch 2. Jänner.

fluchen, und die Cocosnüsse rollen überall umher. Durch energisches Auftreten wurde veranlasst, dass ein Theil der Ladung gehoben und unsere Koffer auf Deck gebracht wurden: so können wir uns wenigstens umziehen. — An der Küste der Halbinsel haben wir eine Reihe romantisch aussehender Inselchen passirt, — noch vor Kurzem von Piraten bewohnt, die erst durch die Engländer gänzlich vertrieben wurden. Jetzt dürften wir vor der Menam-Mündung wohl kein Land mehr erblicken. Die Hitze ist wie immer horrend!

Donnerstag 3. Jänner. Auf dem Vorderdeck lagert eine Schar siamesischer Bonzen, hagere, knochige Kerle, das Kopfhaar vollständig rasirt, in safrangelben Mänteln drapirt, ganz togaartig, — sie kommen auch aus Mandalay, wo ihnen das Reisegeld ausgegangen war, und wo ihnen Prinz Naris unter die Arme greifen musste. — Mit letzterem und seiner Suite suche ich nähere Bekanntschaft anzuknüpfen; leider happert es sehr mit der Sprache, da ihr Englisch recht mangelhaft ausfällt. Doch lerne ich, dass der König alle Winter eine grössere

BUDDHA

Reise macht, immer mit kolossalem Gefolge,
dass er dadurch sein ganzes Reich nach und
nach genau kennen lernt, mit den Provinzial-
behörden in Fühlung kommt, überall Fahr-
strassen baut etc. — Diesmal geht seine Tour
nach Chayok, einem District im Nordwesten
Siams, an der burmanischen Grenze, und
dürfte er nicht vor 6—7 Wochen in seiner
Hauptstadt wieder eintreffen. — Prinz Naris
scheint Höllenangst vor seinem erlauchten
Bruder zu haben, schmiert fort an seinem
Berichte und ist in grosser Aufregung, noch
rechtzeitig anzukommen. Er und seine Leute
sind klein, gut genährt, von hellgelber Haut-
farbe, geschlitzten Augen, entschieden mongolischem Typus; sie tragen die neue Hoftracht: weisser leinener Waffenrock mit goldenen Knöpfen und ebensolchen Achsel-
schnüren; anstatt der Hosen ein weites
buntes Tuch (Sarong), welches um und zwischen die Beine geschlungen bis zu den Knien
reicht und an der Seite eingeschlagen wird;
dazu weisse Strümpfe und schwarze
Schnallenschuhe und ein weisser, mit Gold-

spitze verzierter indischer Sonnenhelm. — Bei Tisch servire ich californische Pfirsiche, die in Singapore von mir eingekauft sind, und lache über ihre erstaunten Gesichter; so was haben sie nie gegessen!

Heute fahren wir im Golf von Siam, das chinesische Meer ist hinter uns und die „Hecuba" geberdet sich etwas weniger lebhaft. — Wunderbar schön sind hier die Nächte, — wir liegen in unseren Stühlen in den kühlen Pujahmas (Nachtanzüge aus dünner Baumwolle oder chinesischer Rohseide) und bewundern den glorreichen tropischen Sternenhimmel, der viel heller und deutlicher leuchtet als im alten Europa — dabei ist das Thermometer auf 26 ⁰ C. gesunken.

(Siam hat sechs Millionen Einwohner, theils Siamesen, theils Laoten, theils Chinesen, zwischen 4. und 21. Grad nördl. Breite und 96—106 Grad östl. von Greenwich. — Silberwährung: 1 Tikal = 2 shill. 6 pence, 5 Tikals = 3 Mexic.)

Freitag 4. Jänner. Heute geht unsere Reise zu Ende nach 44 tägiger Fahrt seit Triest! Die „Hecuba"

dampft schon Montag Abends wieder nach
Singapore und berührt unterwegs Bang-tah-
phan an der Westküste; auch wollen die
Neads mit ihr fahren, um die dortigen Goldminen anzusehen. — Das Wasser wird bereits trübe; grosse Strecken sind mit Seetang
bedeckt, die Maschine arbeitet mit halber
Kraft, — östlich zeigen sich einige ganz
kleine Felseninseln, von denen der König
eine zum Sommeraufenthalte ausgewählt;
bald sollen die Arbeiten zur Errichtung eines
Palais dort beginnen. — Im Norden erscheint
schon ganz deutlich die flache Küste von
Siam. Der Capitän ist in grosser Aufregung:
Wird die „Hecuba", die 14 Fuss Wasser
zieht, im Stande sein, über die Barre zu
gleiten? Um 11 Uhr ist hier heute Hoch-
wasser, und es ist bereits Mittag: ängstlich
schauen wir alle mit Fernrohren und Feldstechern auf eine hölzerne Hütte, welche auf
einem winzigen Eilande als Leuchtthurm
dient, — dort wohnt seit vielen Jahren ein
Deutscher, der durch Flaggensignale die an-
laufenden Schiffe von der Passirbarkeit der

Barre in Kenntniss setzt, die hier höchst merkwürdigen, täglich sprungweise sich ändernden Ebbe- und Fluthverhältnisse studirt hat und ziemlich genaue Tabellen über dieselben alle Monate verkauft, und zwar um den Spottpreis von 1 Dollar. Da flattert von der Hütte eine Fahne mit einer grossen 15 — Hurrah! ruft der Capitän, Hurrah! rufen alle Passagiere: Volldampf voraus, — die „Hecuba" schraubt sich ordentlich durch die Wellen; einen Augenblick knarrt es unter uns, die 15 Fuss müssen nicht ganz richtig sein, noch eine Anstrengung, und wir sind drüben! Immer näher rückt das Festland; wir bewundern die dichten Wälder, die fast bis ans Meer herabreichen, um 3 Uhr fahren wir in die Mündung des Menam, des „grossen Flusses", ein und halten bald vor Pak-nam, — rechts eine Menge Hütten und einige veraltete Befestigungen, links eine reizende Pagode oder Wat, wie die Buddhistentempel heissen, ein schlanker, immer spitzer auslaufender Thurm, blendend weiss — der obere Theil feurig roth, — dazu der dunkel-

REISBOOT

grüne Hintergrund der Palmenwaldungen, —
es ist herrlich. Um uns schiessen zahlreiche
Boote umher, Sampans jeglicher Form mit
halbnackten gelben Ruderern bemannt. In
Pak-nam wurde früher der Zoll erhoben;
jetzt genügt eine kurze Visitation der Schiffspapiere, und wir dampfen wieder weiter
stromaufwärts. — Eine weisse Dampfbarkasse
mit der königlichen Flagge, blau mit einem
gelben Elephanten, kommt uns entgegen, und
wir glauben zuerst, es ist zum Empfang der
Gesandtschaft. — Doch nein, die Barkasse
hat zwar gewendet, holt uns aber nicht ein.
— Der Menam wird immer enger, — etwa
wie die Donau bei Budapest, — es wird
dunkel; der dichte Jungle der Ufer wird unsichtbar; da tauchen zu beiden Seiten Tausende und aber Tausende von Lichtern auf,
— Lärmen, Schreien, Gongs, Singen, Trommeln erfüllen die Luft, — die Kette fällt in
den Fluss, wir sind in Bangkok, dem Venedig Ostasiens — 8 Uhr Abends. Unser
Consulatsgerent Herr M., ein Compagnon
des leider in Europa abwesenden tüchtigen

Honorarconsuls Kurtzhalss, und ein riesig dicker Siamese, der „Introducteur des Ambassadeurs", kommen an Bord und führen uns in einer Dampfbarkasse ins Oriental-Hôtel, einem erst kürzlich errichteten grossen Gasthof, wo im ersten Stock ein Louis XV.-Salon nebst Schlafzimmer für den Gesandten und zwei Zimmer für uns dii minorum gentium hergerichtet sind. — Die „Ambassadors Hall", wo alle fremden Gesandten wohnen, auch Baron Schäffer, Herr v. Hofer und Graf Zaluski, soll wegen weisser Ameisen, Termiten, jetzt unbewohnbar sein, — wir müssen daher, natürlich auf Kosten des Königs, im Hôtel absteigen, wo mehrere dienstbare Chinesen, die erwähnte Dampfbarkasse und einige Wagen mit rothlivrirten Kutschern zu unserer Verfügung stehen. — Der Gesandte fährt noch zum Minister des Aeussern, dem Prinzen (Krom Luang) Devawongse, Varoprakar, einem Bruder des Königs, um die morgige Ceremonie zu besprechen, — ich bewundere die ungezählten Bewohner meines Zimmers, Mosquitos gross wie Elephanten

Die Königin von Siam.

Der König von Siam.

schwirren in der Luft, — am Boden huschen mehrere herzige Mäuse und eine Monstreratte herum, — im Bette ruhen ein halbes Dutzend Riesenschwaben, — an den Wänden laufen fusslange grüne Eidechsen und pfeifen sanft, — sie heissen Tokh-Keh und fressen die Mosquitos. Letztere bringen sogar den phlegmatischen Harrison aus seiner Ruhe, — er klopft leise an meine Thüre und frägt: „Beg pardon, Sir, are those fourfooted animals with a long tail hanging on the walls dangerous, Sir?" — „No", — brülle ich zurück, „they are peculiar to, and the pride of this lovely country!" Mitternacht — 33° Celsius!!

Vom frühen Morgen an werden die Vorbereitungen für das grosse Ereigniss getroffen. — Die verlötheten Blechkoffer werden mühsam aufgeschnitten, die darin ruhenden Uniformen sorgfältig geputzt und gebürstet, — Sapieha, der keine mitgebracht, verbreitet die Nachricht, die seinige sei unterwegs in Verlust gerathen. Ein langes Schreiben an den Prinzen Devawongse wird auf Englisch

Samstag
5. Jänner.

(die hiesige diplomatische Sprache) concipirt und abgeschrieben, auch an der Ansprache des Gesandten noch gebessert und gefeilt. — Gegen 4 Uhr sind wir fertig und rücken feierlich und schwitzend ab. Im ersten Wagen, an dem die rückwärts hängenden Hoflakaien in rothen Röcken, weissen Handschuhen und barfuss vornehm aussehen, sitzt Baron Rüdiger in Diplomatenuniform, mit Orden bedeckt, — ihm gegenüber der Oberceremonienmeister und unser Introducteur des Ambassadeurs Phya Smud Buranurahse, Gouverneur von Paknam, beide in Gala, d. h. in goldbrocatenen Gehröcken, blauen Sarongs, den gelben und rosa Bändern des Elephanten- und Kronenordens, den indischen Helm auf dem Kopfe. — Im zweiten Wagen bin ich, auch in Uniform, die kaiserliche Accreditive haltend, neben mir Sapieha im Frack, gegenüber Herr M. mit gesticktem Hemde, silberner Uhrkette und schwarzem Melonhute! Nach halbstündiger Fahrt durch staubige Strassen passiren wir die die königliche Residenz umgebenden Mauern und steigen vor

Haupteingang ins königliche Palais.

einem prächtigen, mit dem vergoldeten siamesischen Wappen verzierten Thore aus. Zu beiden Seiten Hunderte von Zuschauern, die nach der hiesigen guten alten Sitte flach am Bauche liegen. — Einige Schritte und wir sind in einem Riesenhofe, ringsum grosse Gebäude halb in Renaissance, halb im chinesischen Pagodenstile, vorne das imposante Palais mit schöner Einfahrt und zwei prächtigen Bronzeelephanten als Wächter. — Alles weiss angestrichen und die zahllosen Thürme und Thürmchen vergoldet und geschnitzt, rechts und links salutiren die ganz europäisch ausgerüsteten Truppen, theils ,,Garde du Corps", theils Linie, theils Marine-Infanterie, in rothen, weissen, die letzten in blauen Uniformen, — nur für Schuhwerk muss das siamesische Aerar keine grossen Auslagen haben. — Die aufgestellten Militärcapellen spielen die österreichische Volkshymne, und zwar sehr gut und correct. Der feierliche Aufmarsch durch eine Allee mit sonderbar zugestutzten Bäumchen zum Hauptportal zu, zwischen die präsentirenden Ehrenwachen hindurch, hinter diesen überall das Volk auf dem Bauche liegend, — ist überwältigend und die lange Reise wohl werth. In der Eingangshalle, deren Wände mit Waffen geziert sind, empfangen uns Prinz Dewang, wie Devawongse von den Europäern genannt wird, der Kriegsminister und ein Schwarm von Kämmerlingen und Hofbeamten, alle in prachtvollen gold- und silberbrocatenen Röcken, weissen Strümpfen und Schnallenschuhen. An einem langen Tische wird uns deliciöser hellgelber Thee und Cigarren gereicht, wir müssen Namen und Titel in ein schön gebundenes Album eintragen, — dann geht's einige Stufen links hinauf, wo zu beiden Seiten kleine, schwarze, in rothen Mänteln gekleidete und mit langen Lanzen bewaffnete Buben Wache halten, durch einen prächtigen, ganz mit Officieren und Höflingen gefüllten Saal hindurch in ein geschmackvoll eingerichtetes Boudoir, wo uns der König stehend erwartet. Er ist eine höchst interessant, intelligent und sympathisch aussehende Erscheinung, mittelgross, schlank, mit sehr

Königlicher Palast in Bangkok.

Thronsaal im königlichen Palaste.

gewinnenden Zügen. Das kurz geschnittene
Haar und der kleine schwarze Schnurrbart
sind sehr gepflegt, — die Zähne im Gegensatze zu allen seinen Unterthanen blendend
weiss, dabei in seinem blauseidenen anliegenden Waffenrock, dessen Kragen und Manschetten mit Gold gestickt sind, dem blauseidenen Sarong und ebensolchen Strümpfen,
mit dem Bande des St. Stephans-Ordens,
fesch und elegant. An der Brust des ungefähr
34 jährigen Chulalonkorn haften einige Sterne
seiner eigenen Orden, darunter jener der
„Neun Edelsteine" mit ganz kolossalen Cabochonrubinen und einem immensen Diamanten. Biegeleben hält seinen englischen
Speech und überreicht ihm sein Creditiv, das
der König selbst (dies ist der erste Fall) persönlich übernimmt und dann an Dewang
weitergibt. — Mit klangvoller, lauter Stimme
antwortet der König auf siamesisch, obwohl
er englisch geläufig sprechen soll, und Devawongse verdolmetscht: „Er freue sich dieses
neuen Beweises der Freundschaft Seiner Apostolischen Majestät und hoffe, Baron Biege-

leben werde die guten Beziehungen noch mehr pflegen und befestigen. Die Anwesenheit des Erzherzogs Leopold, der ihn vor Kurzem auf der ‚Fasana' besucht, habe ihm sehr geschmeichelt, er sei der erste Habsburger, der zu ihm gekommen. Auch habe er den auf der Reise nach Europa befindlichen Prinzen Sai Sani Dhwongse beauftragt, Seiner Majestät zu seinem Jubiläum nachträglich zu gratuliren und ihm den höchsten an Nichtbuddhisten verleihbaren Orden, den Mahadakrki-Orden, zu überbringen." — Nun wurden wir vorgestellt, über unsere Reisen u. s. w. befragt, und nach etwa 20 Minuten hatte die feierliche Audienz ihr Ende. — Drei tiefe Verbeugungen, der König reicht uns allen die Hand, wieder durch das Spalier von brocatenen Kämmerern, wieder über den Riesenhof, die Wachen präsentiren, die Musik spielt „Gott erhalte", und wir sitzen wieder im Wagen und wischen den Schweiss von der Stirne. — Es war grossartig, an bunter Pracht wohl sonst nirgends erreichbar! Aber heiss! —

Eine Frau des Königs.

Wir speisen in einem kleinen für uns reservirten Zimmer, und zwar recht gut, das Menu ist französisch, und der chinesische Koch muss von einem europäischen Meister in seine Künste eingeweiht worden sein. Auch die Weine sind reichlich, Rheinwein, Bordeaux und Sect, dazu eine vorzügliche Crême de Cacao. — Mit dem langen, durch das ganze Zimmer sich hinziehenden Fächer, Punkah, ist die Hitze erträglich; wehe aber, wenn der vor der Thür sitzende chinesische Punkah-Wallah, der mit einer Schnur den Fächer in Bewegung hält, einschläft! Das wird dann fürchterlich! Der uns zugetheilte Phya Smud ist ein sehr geriebener, gescheidter, wenn auch etwas einfältig aussehender Kerl, der sich vom niedersten Ursprung zu grossem

Reichthum und Ansehen emporgearbeitet; der erste Fall einer Adelserhebung, — er besitzt in Compagnie mit dem Prinzen Dewang bedeutende Reisschälfabriken und exportirt riesige Mengen Teakholz, seine lächerliche Körperfülle ist in ganz Siam berühmt.

Sonntag 6. Jänner. Vor 5 Uhr Früh fahren wir in unserer kleinen Dampfbarkasse den Menam hinauf; von allen Seiten schiessen lange sogenannte Hausboote hervor, mit einer geräumigen Cabine versehen und mit 8—20 auf venezianische Art stehenden Ruderern bemannt, — hunderte und aberhunderte solcher Boote sammeln sich vor dem königlichen Landungsplatze, wo die Hofboote warten mit reicher Vergoldung und 40 Ruderern, — die Nationalflagge, weisser Elephant im rothen Felde, und die königliche Flagge, gelber Elephant in blauem Felde, flattern von allen Masten und Stangen. — In unserer Barkasse lässt man uns nicht bleiben, führt uns durch verschiedene Paläste hindurch, an Ehrenwachen vorbei zu einem riesigen Pavillon,

Königliche Boote am Menam.

der mit Honoratioren, Prinz Dewang an der Spitze, gefüllt ist. Monstresänften, ganz vergoldet, mit rothen sammtenen Vorhängen, werden vorbeigetragen, darinnen hocken Prinzlein und Weiblein, — die Soldaten präsentiren, ein schwindsüchtig aussehender schwedischer Officier ruft unverständliche Commandolaute, die Bande spielt eine Art siamesischer Volkshymne, Kanonen donnern, und pfeilschnell fahren die 40 Ruderer des königlichen Bootes den Strom hinauf, alle anderen nach, — das Gefolge soll über 10.000 Personen betragen. Durch geschicktes Arrangement hat man uns gehindert, König und Königin zu sehen. — Dewang und Phya Smud überströmen von Entschuldigungen; den Grund hiezu können wir aber nicht errathen. — Bei der Rückfahrt ins Hôtel finden wir den Fluss aufs Neue und auf ganz andere Art belebt, — es wird der Markt abgehalten, Tausende von Kähnen sind theils mit Waaren, Fleisch, Gemüsen, Obst, theils mit feilschenden Hausfrauen gefüllt, — Alles schwimmt, ein grosser Theil der Häuser ist auf Flössen gebaut, die zu beiden Seiten des Menam verankert liegen; die Seitenstrassen bilden Canäle, die sich nach allen Richtungen verzweigen und von unzähligen Brücken überspannt werden. Ueberall wimmelt es von Booten, von Kähnen, von Barkassen, da fast der ganze Verkehr auf dem Wasser stattfindet. In Seelentränkern huschen gelbgekleidete Bonzen herum, ihre tägliche Nahrung zu erbetteln; zu Hunderten sehen wir diese ehrwürdigen Buddhapriester. — Im Wasser selbst baden und schwimmen Kinder jeder Grösse und jeden Alters und scheinen sich wenig vor den Krokodilen zu fürchten, deren schwarze, gepanzerte Köpfe hie und da emportauchen. — Dabei blitzen und glitzern die bunten, mit Majolica verzierten Thürme der zahllosen Tempel, und die üppigen Aeste der dunklen Tropenbäume tauchen tief ins Wasser ein. — Gegen 600.000 Einwohner soll Bangkok enthalten, nach anderen Quellen sogar eine Million, wovon über 100.000 Einwanderer aus dem Reiche der Mitte, deren gelbe, magere, bezopfte Gestalten überall

MÜNZEN AUS SIAM

zwischen den kleineren bräunlichen Siamesen mit ihren kurzgeschnittenen schwarzen Kopfhaaren nicht gerade vortheilhaft auftauchen. Kinder beiderlei Geschlechtes tragen bis zum neunten oder zehnten Jahre als einzige Kleidung eine kleine Metallplatte in Form eines Feigenblattes mit seidener Schnur oder Silberkettchen um die Hüften gehängt, — bei Reicheren sind die Plättchen aus Silber mit eingehämmerten Goldornamenten. — Strassen sind hier eine Erfindung der neuesten Zeit, da erst der jetzige König solche nach allen Richtungen angelegt und sogar mit Tramways versehen hat, die aber ausschliesslich vom Volke benützt werden. Wenn irgend möglich, ziehen wir den Wasserweg vor, da wir dadurch dem kolossalen Staube („dirt in the nose" — wie Phya Smud täglich erklärt) entgehen. — Chulalonkorn ist für seine Verhältnisse ein sehr aufgeklärter Monarch, wohl der Tüchtigste seiner Landsleute: er hat zuerst von allen siamesischen Königen sein Land verlassen und Singapore, wo er einen bronzenen Elephanten stiftete, sowie Cal-

cutta und Bombay besucht, wo er europäische Civilisation kennen lernte. — Sein ganzes Land wurde mit Posten versehen, und er zahlt jährlich über 36.000 Tikals darauf, — die Telegraphenlinien gehen bis Laos, und momentan ist Sir Andrew Clarke, der frühere Gouverneur der Straits Settlements, mit der Tracirung einer Eisenbahn bis Tseng Mai (500 englische Meilen nach Norden) beauftragt, wobei der vom Könige selbst aufgesetzte Vertrag diesem völlig freie Hand bei der Vertheilung der Arbeiten vorbehält. Das flach auf dem Bauche liegen bei dem Erscheinen der Majestät, das bisher de rigueur war, hat Chulalonkorn aufgehoben, und wird diese früher allgemeine Sitte den Chawfas und Phyas gegenüber nach und nach abgeschafft. Es herrscht allgemeine Wehrpflicht, doch in der Form einer Art Miliz, während die stehende Armee ziemlich schwach ist. — Die Truppen sind nach englischem Muster uniformirt und disciplinirt und werden von europäischen Officieren unter Leitung des Majors Walker vom Bombay-Contingent befehligt. — In den nächsten Tagen erwartet man die Ankunft von 280 Walers, Pferden aus New-South Wales, welche für die Gardecavallerie bestimmt sind, da die hiesigen stämmigen und sehr flinken Ponies (meist Falben) zwar sehr resistenzfähig, aber allzu klein sind. — Eine hässliche Sitte ist das Betelkauen, das von allen Siamesen ohne Ausnahme betrieben wird. — Etwas geriebene Betelnuss, etwas Kalk, noch einige Ingredienzien sauber in ein Blatt der Arecapalme gewickelt, das wird den ganzen Tag in den Mund gesteckt, — sogar die Königin kaut, und als kürzlich die längere Zeit in Europa gewesene Frau des Gesandten Prinzen Prisdang zurückkehrte, wurde sie förmlich gezwungen, diese siamesische Unsitte wieder aufzunehmen. (Uebrigens wurde auch Seine Hoheit auf sechs Monate in ein feuchtes, ungesundes Gefängniss gesteckt, weil er in Europa zu viel Geld ausgegeben hätte! Jetzt ist der frühere Botschafter Postmeister von Bangkok!) Ekelhaft ist der dunkelbraune Mund jedes Siamesen, aus dessen Winkeln die scheussliche Sauce herabsickert, und überall auf den Strassen erinnern grosse röthliche Patzen und Flecke an diese übrigens auch bei allen Malayen übliche Gewohnheit. Der uns zugetheilte Phya Smud kaut merkwürdigerweise nicht, dafür raucht er von früh bis nachts starke Cigarren und trinkt fortwährend Thee, den ihm sein Leibsclave stets in einer grossen Kanne nachträgt. — Auch der König hatte beim Empfang einen reinen Mund. — Nachmittags fahren wir zum Wat-Sakhet, einem der höchsten Tempel Bangkoks; nicht ausgebaut, macht der in der Form eines babylonischen Thurmes geplante Wat, der schon theilweise zerfällt, einen wüsten Eindruck. — Herrlich ist dafür der Blick auf die Stadt, — soweit das Auge reicht Häuser und Tempel, theilweise in dunkles Grün verhüllt, überall die in der Sonne blitzenden Canäle, und mitten hindurch, wie eine silberne Schlange, der Menam. — Rings um den Wat liegen die ausgedehnten Wohnungen der Priester, die in ihren gelben Mänteln recht würdevoll herumhocken. An-

ZIEGELTHURM
DES
WHAT SEKHET

stossend ist der Begräbnissplatz, wo nach den verschiedenen Classen unserer Pompe funèbre die Leichen mit mehr oder weniger Luxus verbrannt werden. — Das Verbrennen eines Grossen kostet viele Tausende von Tikals, die Cremation des letzten zweiten Königs (diese Institution ist seitdem eingegangen) erforderte vor zwei Jahren sechs Monate Vorbereitung und mehrere Millionen Tikals — ein Prachtbau aus edlen Hölzern, vergoldet und versilbert, mit den schönsten Schnitzereien und Bronzearbeiten wurde in Gegenwart der ganzen Bevölkerung und des Hofes, sowie des zufällig anwesenden Gesandten Grafen Zaluski angezündet. — Alle Monate schickt der König Holz, um die Armen zu verbrennen; doch reicht das nicht hin, und in einem reservirten Raume sehen wir die Leiche eines Bettlers von Dutzenden riesiger Geier zerreissen, — einige Bonzen bilden die Wache, und auf allen Bäumen, sowie auf den Mauern sitzen und warten die scheusslichen Vögel auf frische Nahrung, — der Anblick, wie zwei solcher Bestien ein

STEMPEL

Knie des armen Teufels auseinanderrissen und heissgierig verschlangen, wird wohl nicht so bald von uns vergessen werden!

Abends Diner um 8 Uhr bei Consul M., — wir erscheinen „in dress" und finden die Gesellschaft (den Herrn Consulatsgerenten mit seinem Commis, den Apotheker und Frau u. s. w.) in ihren weissen leinenen Jacken! Es war zu komisch! Dann ein Whist bei mörderischer Hitze! —

Montag
7. Jänner.

Posttag, — wir sitzen und schmieren, dass das Wasser herunterläuft, Berichte ans Wiener Ministerium des Aeussern, Noten an das hiesige auswärtige Amt, Privatbriefe. — Mein Zimmer ist die Kanzlei, und das in Bombay leider in ungenügender Masse gekaufte blaue Papier geht aus, — in ganz Bangkok ist kein ähnliches aufzutreiben! Hol's der Teufel! Um 2 Uhr dampft unsere geliebte „Hecuba" nach Süden und auf ihr die Philadelphier Nead und ein rothhaariger amerikanischer Zeitungsscribbler, Frank G. Carpenter. — Nachmittags Besichtigung des am Menam gelegenen Wat-Tschong, wohl einer der

What-Pra-Káow (Bangkok).

schönsten Tempel Siams; die Höfe, die Thore, die monumentalen Gänge, besonders der in der Mitte befindliche Hauptthurm (Pratschedi), sowie die letzteren umgebenden Dutzende von kleinen Thürmen, Alles ist in den buntesten Farben und Mustern mit glasirten Ziegeln, Majolicatellern und gebrochenen chinesischen Tassen belegt. Das blitzt und glänzt in der Abendsonne wie ein Märchen. — Auf halber Höhe des Pratschedi bewundern wir die dunkelrothe Sonnenscheibe, die plötzlich, wie immer in den Tropen, verschwindet und die Stadt ohne Zwielicht im Dunkeln lässt. — Unten, in einem Tempelvorhof, spielen eine Menge junger Buben Ball, aber mit den Füssen! Unglaublich geschickt wird der Ball mit dem nackten Fusse aufgefangen und an den nächsten Spieler weitergeworfen. Siamesische Gigerln von hohem Range gehen nie allein aus, immer folgt ihnen ein Heer von Begleitern, Dienern, Sclaven. — Heute abends spielt ein junger Secretär Dewangs im „Oriental" Billard, und die Treppen, Hallen und

Veranden des Hôtels sind auch von einem Schwarm seiner Leute überfüllt, die an allen Orten liegend oder sitzend ihren Herrn erwarten. — Der junge Herr ist übrigens ein Flegel, — beim Empfang bot er mir seine gehorsamsten Dienste an, jetzt grüsst er nicht einmal, warum?!

Ins Hôtel zurückgekehrt, rauche ich gemächlich auf der Veranda eine Cigarre, als mir der Wirth die Mittheilung macht, die „Schwalbe" vom Norddeutschen Lloyd sei angekommen. — „Freut mich!" — „Ja, aber ein Oesterreicher ist darauf gewesen!" — „Freut mich!" — „Der österreichische Baron kennt Sie aber, er ist jetzt oben bei der Excellenz!" Da weicht mein Phlegma, ich laufe hinauf und finde bei Biegeleben meinen alten Bekannten Baron Richard Poche, den ich zuletzt bei einem Diner bei Hofrath v. Winterstein in Wien vor seiner Weltreise gesprochen! Ein zufälliges Zusammentreffen in Bangkok kommt kaum alle Tage vor! Poche war über Amerika, Yellow Stone, Yosemite u. s. w. nach Japan, dann über

Shangai nach Peking und zur grossen Mauer gereist, hatte hierauf von Canton aus die Philippinen, Singapore und einen Theil Javas besucht; nach Singapore wieder zurückgekehrt, war sein Erstaunen gross, im dortigen Singaporeclub meine Visitkarte an der Tafel zu finden, — und so schnell als möglich folgte er uns in der „Schwalbe" und bedauerte nur lebhaft, den König nicht mehr erreicht zu haben. So haben wir denn einen neuen, wenn auch leider etwas tauben Gefährten. — Er ist ein seelensguter Kerl und ganz unempfindlich für die grossen Hitzen.

HINDU FRAU

Dienstag 8. Jänner.

Zu seinem grossen Aerger wird Sapieha von mir zum Besuchmachen gepresst; auf der Barkasse suchen wir die fremden Vertreter heim, die ausnahmslos am Flussufer schöne, grosse Compounds, auch Campongs genannt, besitzen. Es sind dies Reservate, die ihnen vom Könige angewiesen sind, da Europäer sonst in der Stadt keine Häuser bauen dürfen. Das bei Weitem beste Bungalow mit grossem Amtsgebäude hat der englische Chargé d'affaires E. B. Gould (der neue Resident Jones ist aus Philippopel noch nicht eingetroffen) und dessen Viceconsul E. H. French. — Der Franzose Graf Kergaradec, von seinen Forschungsreisen den Mekong hinauf berühmt, ist mit seiner hübschen Frau leider auf Urlaub und wird nur schwach durch die Herren E. Lorgeon, F. Chalant und Charles Hardouin vertreten. — Auch der amerikanische Generalconsul Jakob J. Child ist verreist, und sein Neffe, C. J. Child, der hier die Advocatie ausübt, leitet das Amt. Dafür ist der Portugiese, Fregattencapitän Frederico Antonio Pereira, ein charmanter Mensch, der uns als einzige Merkwürdigkeit in seinem netten und kühlen Hause — Glasfenster zeigt! Wohl ein Unicum in Siam! Auch die Deutschen haben noch einen effectiven Repräsentanten, den liebenswürdigen Ministerresidenten Kempermann, nebst dem Referendar Friedrich Flügge und dem Diätär Premierleutnant E. Meissen, einem Bruder meines alten Arztes in Falkenstein a. Taunus. Alle anderen Mächte haben hier nur Honorarconsuln, so Italien, dessen Ministerresident

in Shanghai wohnt, den Kaufmann H. Sigg
(bei dem ich accreditirt bin), Holland einen
Herrn J. C. T. Reelfs, Schweden den Holzhändler Chr. Brockmann, und wir selbst Herrn M.

Nachmittags fährt Phya Smud den Gesandten und mich zum Wat Po, einem weitläufigen, mit vielen Höfen versehenen Tempel gegenüber dem Wat Tschong. Die prächtigen Thürflügel des Hauptgebäudes, aus Ebenholz, mit der ganzen Buddhalegende aus Perlmutter eingelegt, übertreffen an Schönheit der Zeichnung und Präcision der Ausführung alle ähnlichen europäischen Arbeiten; es sind wahre Meisterwerke. — Auch der berühmte liegende Buddha, der 160 Fuss lang, schwer vergoldet ist und Unsummen gekostet haben soll, hat die riesigen Fusssohlen mit ähnlicher Arbeit verziert, die auch prächtig, wenn auch nicht so vollendet sind wie die Thüren. — In einem grossen, mit Felsblöcken umgebenen Teiche, mitten im Tempelgarten, ist ein etwa 15 Fuss langes Krokodil — ein Wächter holt ein Stück

Schweinefleisch als Köder und einen festen Strick, und bald hat der Gesandte das Unthier gefangen und zieht mit unserer Hilfe das Biest halb aus dem Wasser, wobei er fast selbst in den weitgeöffneten Rachen fällt. Ein Krokodil an der Angel zu haben ist jedenfalls originell, ebenso die zolllangen rothen Ameisen, die einen combinirten Angriff auf uns ausführen und uns sofort in die schmählichste Flucht jagen. Die Thiere beissen auch wie verrückt. — Während dieser lieblichen Episode hat Sapieha mit Poche den katholischen Bischof besucht und kehrt jeder um 30 Tikals ärmer zu uns zurück. Besonders Poche kann diese milde Spende nicht verschmerzen!

Abends fährt Biegeleben zu Prinz Dewang, der seine Empfangsstunde von 9—10 Uhr hat (!); wir drei überfallen ein japanisches Theehaus, wo einige nette herzige Musmehs guten Thee serviren und originelle Lieder mit Guitarrebegleitung singen — leider verstehen wir kein Wort der lebhaft geführten Conversation; die Mädchen sind propre, geschmackvoll gekleidet, lachen über Alles, auch über uns, und halten uns offenbar zum Besten. — Worin die Frozzelei eigentlich besteht, ist aber für uns unergründlich!

In aller Frühe fahren wir zu Wagen den bereits wohlbekannten Weg ins Palais, ein mit grossen Mauern und Gräben umgebenes Stadtviertel, in welchem nebst dem königlichen Palaste, den Ministerien und Kasernen noch viele Hunderte von Häuser und Läden stehen. — Die Theehäuser bleiben links, ebenso verschiedene Spielhäuser, wo Tag und Nacht hazardirt wird, — rechts passiren wir einige schöne, in umfangreichen Gärten gelegene Bauten, darunter die für uns sagenhafte „Ambassadors Hall", wo alle unsere Vorgänger, zuletzt Erzherzog Leopold mit den Officieren der „Fasana", beherbergt wurden. Ausserhalb des Schlosshofes ist das siamesische Nationalmuseum, das viel Interessantes enthält, alte Waffen, schöne Bronzearbeiten, Modelle von landesüblichen Häusern und Booten, Modelle der grossen Galagondeln, auf denen der König die Wats

Mittwoch 9. Jänner.

besucht, schwarzes Porzellan, mit rothen und gelben sitzenden Buddhas geziert, zahlreiche Bäume aus dünnem Gold oder Silber, Tributspenden der Laosvölker, die 6—8 Fuss hoch sind, dann Mineralien und einige schlecht ausgestopfte Thiere. — Hierauf werden die weltberühmten weissen Elephanten vorgeführt, die aber schmutzig drap, also bräunlich, nicht weiss sind, — der grösste ist 12 Fuss hoch und ein schon recht ehrwürdiger Geselle, da er nach Aussage seines Mahout über 120 Jahre alt sein soll. — Nett zusammengeknüpfte Grasbündel werden als Futter vorgeworfen und anstandsvoll geöffnet und verzehrt. Von der angeblichen göttlichen Verehrung der weissen Elephanten war nichts zu bemerken. Anstossend an das Museum ist der königliche Hoftempel, wohl der reichste Tempelbezirk der Welt. — Im Wat-Pra-Kao ist eben buchstäblich Alles vergoldet — wo man hinsieht erheben sich Pratschedis und Dagoben und Wandelbahnen, die in der Sonne glitzern und blenden, — der Haupttempel ist von oben bis unten vergoldet, der

WEISSER ELLEFANT

Fussboden aus· goldähnlichem Cuivre poli, auf dem sehr überladenen Hauptaltar, wo zahlreiche Petroleumlampen inmitten dieser Pracht unliebsam auffallen, der smaragdene Buddha, wohl aus Smaragdwurzel oder Jade. — In vielen Pavillons sind Meisterwerke der aus Wat-Po bekannten Ebenholz-Perlmuttertechnik, überall stehen Bronzeelephanten, Marmorstatuen, — an alle Pratschedis sind Hunderte von kleinen Glocken gehängt, die im Winde unausgesetzt spielen. — Ein grosses Steinmodell des Angkor Wat (an der Grenze von Cambodia) erfüllt uns mit Bewunderung. — Ein Jammer, dass die dreiwöchentliche Elephantenreise dahin für diesmal wenigstens unmöglich ist. Graf und Gräfin Bardi waren voriges Jahr dort; auch Baron Brenner hat die Strapazen nicht gescheut. Wir besichtigen die etwas leere Bibliothek, dann die Prunkgemächer des Palastes. Trotz der präsentirenden Wache (etwa 50 Mann) sieht der grosse Schlosshof recht einsam aus im Vergleiche zur Pracht und zum Prunke des Empfangstages. — Der riesige Thronsaal mit prächtigen Lustern, reichem vergoldeten Thronsessel und vielen Goldbäumen, der Salon mit den Bronzebüsten aller europäischen Souveräne und den Oelbildern siamesischer Könige, das hübsche Boudoir mit Emaux, Porzellan und Boulearbeiten, sowie der imposante Berathungssaal mit dem Prachtporträt des Oberbonzen von Siam sind im reichen Renaissancestile, der siamesische Thronsaal aber in Roth und Gold halb siamesisch, halb chinesisch.

Weiter stromaufwärts liegen die weitläufigen Paläste des letzten zweiten Königs, die ganz zerfallen und nur mehr als Stallungen für die schwarzen Kriegselephanten dienen; einer von diesen erreicht die respectable Höhe von 13 Fuss. — An den seligen zweiten König erinnert auch noch die Flotte, welche, aus einer Anzahl schön weisser Kanonenboote bestehend, im Menam verankert liegt. Seine Majestät Nr. II war oberster Marinechef, dessen sehnlichster Wunsch es war, mit der siamesischen Escadre eine Fahrt nach Singapore zu unternehmen. — Doch ist dieser Wunsch leider nie in Erfüllung gegangen; so oft er auch auslief, um die Straits-Settlements zu erreichen, immer kehrte er unverrichteter Dinge heim, eine Havarie, Kesselbruch u. s. w. verhinderten stets, an das heissersehnte Ziel zu gelangen! Dies erinnert übrigens an den ägyptischen Admiral, den Mehemed Ali mit Depeschen nach Malta schickte, und der, nachdem er eine Woche im Mittelmeer gekreuzt, mit der Meldung erschien: „Malta Mafisch!" — Er hatte trotz emsigen Suchens die Insel nicht finden können. — Scheusslich ist hier das Wasser; Quellen gibt es keine, die Bevölkerung ist auf das schmutzige Menamwasser, das übrigens alle Siamesen trinken, oder auf Regenwasser angewiesen, — nun hat es drei volle Monate nicht geregnet, und einige Schiffe führen in Fässern Wasser aus Hongkong ein! Wir rühren natürlich nur Sodawasser an, das auch nicht brillant schmeckt. — Abends im Club neben dem Hôtel, das ganz verödet scheint. Wir sind die einzigen Gäste.

Donnerstag 10. Jänner. Zeitlich geht's wieder in die innere Stadt, wo die ganze Populace aufgeboten scheint; von allen Seiten strömen Processionen mit Hüten aus rothem Glanzpapier und hölzernen Schwertern zu einer Art Festplatz zusammen, wo die sogenannte Theep-Ching-Chah-Ceremonie (Swing Ceremony) stattfindet. An einem gegen 50 Fuss hohen Gerüste schaukeln an langen Stricken Männer und Knaben und suchen hiebei mit dem Munde angebundene Früchte zu erreichen. Es ist dies eine Art Erntefest, hindu-brahmanischen Ursprunges, wobei die Leute früher an eisernen Haken, die sie sich ins Fleisch stiessen, schaukelten. Viele Würdenträger in Galacostümen sehen dem Schauspiele zu, darunter eine Anzahl mit der altsiamesischen dreifachen Krone geschmückt. — Der eigentliche Zweck des Festes bleibt uns dunkel, trotzdem Phya Smud ihn zu erklären sucht. Herr M. hat trotz seines langjährigen hiesigen Aufenthaltes natürlich davon keine Ahnung. — Dieser Ehrenmann kennt seine kaufmännischen Pflichten, aber weiter nichts. Von

Pfeffer, Reis, Lack, von Teakholz, von den Saphir- und Rubinminen kann er interessant erzählen, vom Lande und seinen Einrichtungen und Gebräuchen weiss er nichts. Nachmittags Besuch des etwas vernachlässigten königlichen Gartens: er ist ganz europäisch gehalten, mit Alleen und Sommerhäuschen, auch einem grossen maurischen Eisenpavillon. Uns zieht besonders die kleine Sammlung Thiere an, darunter einige weisse Affen (Albinos wie die sogenannten weissen Elephanten) und ein prächtiger schwarzer Panther, der dem zu nahe getretenen Biegeleben fast den Arm oder mindestens den Aermel zerreisst. — Während der Chef mit Poche ins Auswärtige Amt geht, fahren Sapieha und ich in die deutsche Ministerresidentschaft, wo uns Herr Kempermann höchst merkwürdige Facten über hiesige Liebenswürdigkeit Fremden gegenüber mittheilt. Der voriges Jahr hier anwesende japanische Prinz und Frau wohnten in einem Flügel des königlichen Palastes, wurden aber trotz eines Schwarmes siamesischer Diener so schlecht

BRONZEN
AUS
BENARES

bedient, dass die kaiserliche Hoheit sich das Waschwasser höchsteigenhändig am Brunnen holen musste. Auch bei seiner Ankunft sei die „Ambassador's Hall" unter allerlei Vorwänden verschlossen gewesen, und nur mit Mühe habe er den Campong für sein Bungalow zugetheilt erhalten. Als seine Frau mit einer Freundin von einer Spazierfahrt zurückkehrte, auf welcher sie durch ihren Diener einige Lotosblumen pflücken liess, wurde sie plötzlich von einem Haufen siamesischer Polizisten aus ihrem Wagen und in einen grossen Garten hineingezerrt, wo ein am Boden hockender nackter Siamese sie mit Schimpfworten überhäufte und sie erst nach längerer Zeit nach Hause fahren liess.
— Grund hiefür war das Blumenpflücken, welches der Betreffende, Justizminister und Bruder Prinz Dewangs, einige Tage vorher verboten hatte. Die Protestschreiben Kempermann's ans Auswärtige Amt, worin energisch Genugthuung gefordert wurde, blieben unbeantwortet, und erst als der Gesandte Phya Damrong in Berlin täglich telegraphirte, Fürst

Bismarck droht Bangkok in Flammen zu schiessen, man solle um jeden Preis die Sache ausgleichen, erst dann (nach sechs Monaten) entschuldigte sich der König selbst (bei Gelegenheit der Notificirung der Thronbesteigung Wilhelm II.). — Die zwei Prinzen aber haben es bis heute nicht gethan! Auch hat Kempermann jeden persönlichen Verkehr mit dem Minister des Aeussern eingestellt. Wäre ihm nicht um seine Carrière leid, er hätte längst seine Flagge einziehen und Siam verlassen müssen.

Vollmond, Fahrt auf dem Flusse, kühle, angenehme Luft, von allen Seiten ertönt aus den beleuchteten schaukelnden Häusern Musik, Singen und Lachen — es ist prachtvoll!

Durch mein mehr als energisches Auftreten hat Phya Smud den Ausflug nach Ayuthia, der früheren Hauptstadt des Reiches, nach vielem Zögern arrangirt; früh 6 Uhr wurden wir flott — ein sogenanntes „Houseboat" enthält alles Gepäck, die Vorräthe (für eine Woche genügend), den Weinkeller, Eis, dazu den chinesischen Koch und drei andere

Lotus

Celestials, sowie acht Matrosen, — die Barkasse führt uns vier, Phya Smud, den Heizer und Steuermann, — die kleinen Siamesen sehen in ihren weissen Uniformen recht possirlich aus. — Langsam dampfen wir stromauf, nach etwa einer Stunde verschwinden die letzten Häuser, darunter das grosse französische Missionsgebäude. — Niedriger Wald, hauptsächlich Jungle, vereinzelt eine Hütte, hie und da ein Rasthaus (Sala), ein offenes, auf vier Holzpfeilern ruhendes Häuschen mit Matten, die als Schlafstellen für Reisende dienen. Ein junges Krokodil taucht dicht neben uns auf, begleitet uns ein Stück, zieht sich aber bei dem beginnenden Schnellfeuer rasch zurück. Mehrere grosse mit Reis beladene Boote kommen entgegen; sie führen die Ernte aus Laos in die Bangkoker Schälfabriken. — Zahlreiche Adler umkreisen uns, am Ufer hocken schöne weisse Edelreiher, prächtige blaue Eisvögel, Strandläufer, zahlreiche Pfaue, merkwürdige Goldfasane in allen Farben des Regenbogens. Der Chef und ich schiessen von allen mehrere Exem-

Pavillon in Bank-Pa-In. Sommerpalais des Königs.

plare, besonders pfeffern wir in einen ganzen Schwarm Wildenten (Teals), von denen 13 fallen, auf meinen ersten Schuss allein vier Stück. Gegen Mittag gerathen wir auf eine Sandbank und kommen nur nach angestrengter Arbeit wieder los. Dabei ist die Hitze hier unter dem einfachen Leinenzelte der Mouche, im vollen Sonnenbrande und in unmittelbarer Nähe der kleinen Dampfmaschine, ganz unerträglich. Sogar Neptun ist schlapp geworden und weigert sich ans Ufer zu gehen, um das geschossene Wild zu holen (seine Begleiterin, die gute Hündin Bompa, ist seit Singapore krank und hat ganz aufgehört zu fressen — sie ist unter Harrisons Pflege im Hôtel zurückgeblieben). — Nach neunstündiger Fahrt biegen wir rechts in einen schmalen Canal ein und halten in Bang-Pa-In, dem Sommerpalais des Königs. — Ein grosser Park mit zahlreichen ganz europäischen Baulichkeiten, sowie ein reizender hölzerner Pavillon im reinsten siamesischen Stile. — Zwei australische Strausse (Casuare) wandern im Garten umher. Ein Renaissancetempel mit dorischen Säulen wird für uns in Ordnung gebracht, in einem geräumigen Saale stehen vier Betten mit Netzen, in einem zweiten servirt der chinesische Koch ein exquisites Mahl, darunter die Wildenten! Wir sind mit dem Kaffee und Crême de Cacao beschäftigt, da tönt eine Glocke aus nächster Nähe — der „Angelus" im Innern Siams! Wir laufen hinaus und entdecken auf einer benachbarten Insel eine perfecte gothische Kirche, d. h. ein Wat im gothischen Stile. — Thurm, drei Schiffe, Kreuzfenster mit dem eingebrannten Bilde des Königs und der lateinischen Inschrift „Chulalonkorn, Rex Siamensis", Hochaltar, auf dem ein goldener Buddha sitzt, — Seitenaltäre mit kleineren Buddhas, — Sacristei — und im Thurme die schöne Glocke, die, nach Sonnenuntergang geläutet, uns im Geiste nach Europa versetzt hatte.

Als ich gegen 3 Uhr Früh vor den Mosquitos ins Freie flüchtete, da leuchtete vor mir das südliche Kreuz in nie geahnter Herrlichkeit. — Alles liegt noch in tiefem Schlafe.

Nach Besichtigung der Privatgemächer Seiner Majestät, die in ziemlich zweifelhaftem Geschmacke mit Pariser und deutschen Möbeln gefüllt sind, dampfen wir weiter nordwärts, den nun bedeutend engeren Menam hinan. — Am linken Ufer werden einige alte Tempel besichtigt, darunter einer mit einem riesigen Buddha, vor welchem unser Koch rasch einige Feuerwerke abbrennt und das Orakel um das Befinden seiner Familie befragt. — Um Mittag Ankunft in Ayuthia — ein verfallenes Bangkok, die Häuser verschwinden fast unter Bäumen, die Canäle sind ganz überdacht von der üppigen Vegetation, — an der Landungsbrücke wartet der Gouverneur, ein Schwager Phya Smuds, Phya Chaivechit, ein kleiner, gutmüthiger, runder Kerl, der in seiner Amtswohnung ein opulentes Tiffin servirt, — das Menu ist rein siamesisch, und sind einige der Speisen, besonders die Süssigkeiten, ganz vortrefflich. — Auf einer Anzahl kleiner stämmiger Ponnies (das des Chefs ist ganz mit silbernen Zieraten behängt) galoppiren wir mit grosser

Escorte zur alten Stadt, wobei verschiedene komische Zwischenfälle laute Heiterkeit erregen, darunter besonders die Reiterkünste Poche's, welcher wiederholt zu Boden fällt. Zuerst wird sein Gaul durch einen grossen Elephanten rebellisch, — dann will derselbe eine Stute bespringen, und unseres Freundes Bemühungen sind ganz vergeblich! — Stundenlang dehnen sich die von den üppigsten Pflanzen überwachsenen Ruinen aus — überall tauchen riesige Buddhastatuen aus Bronze oder Stein aus dem Jungle auf. — Als vor hundert Jahren die Birmanen die damalige Hauptstadt Siams eroberten, muss die Zerstörung eine recht gründliche gewesen sein. — Nach Ayuthia zurückgekehrt, besehen wir noch die modernen Königszimmer, lassen uns in der steinernen „Sala" aus silbernem Geschirre Betel und vortrefflichen Thee serviren und dampfen gegen Abend nach Bank-Pa-In.

Rührender Abschied von unseren zwei Straussen, vom schönen Gartenpavillon und der gothischen Kirche, — dann eine heisse,

AYUTHIA
WHAT TONG

sehr heisse Fahrt nach Bangkok, — einige geschossene Adler, am Boote aufgehängt, sind bereits nach einer halben Stunde voller Ameisen. Der Sect und das Eis gehen aus, die Zungen hängen aus dem Munde, es ist höchste Zeit, bei Sonnenuntergang wieder im „Oriental" einzutreffen, wo die Militärcapelle Wiener Walzer im Clubcampong aufspielt.

Die „Schwalbe" vom Norddeutschen Lloyd, das einzige gute Schiff, das uns hier mit der Aussenwelt verbindet, ist gestern ausgelaufen, — wir müssen daher Mittwoch mit einem Schwesterboot der „Hecuba" absegeln: das dürfte hübsch werden! Doch hat längeres Verweilen wenig Zweck: der König und der Hof sind fort, Prinz Dewang könnte, so viel wir davon merken, auch verreist sein, Festlichkeiten werden keine gegeben, Sehenswürdigkeiten haben wir so ziemlich alle genossen; Phya Smud erzählt von Reisfeldern bei Paknam, wo allnächtlich Dutzende von wilden Elephanten zur Tränke kommen sollen, wir glauben ihm nicht — auch wäre

Montag 14. Jänner.

mangels an Shikarries eine Jagd sehr schwer durchzuführen, da hier Niemand jagt, nicht einmal der König. — Verschiedene Schreiben aus Auswärtige Amt, Spaziergänge durch die Bazars und Besuche füllen den Tag, — ein langer schmaler Weg, vom Palais (dem Kraton) auslaufend, zu beiden Seiten mit chinesischen Läden, die europäische Exportwaare scheusslicher Qualität zum Verkaufe anbieten, — zuweilen ein siamesisches Theehaus, wo ohrenzerreissende Musik die Passanten verscheucht. Dazu ein Gewühl von halb- und ganz nackten Leuten, an den Ecken viele Aussätzige mit ganz zerfressenen Gesichtern. — Angenehmer sind die schwimmenden Verkaufsläden; in einem solchen versehen wir uns mit Photographien, mit Palmenhüten, mit vergoldeten Buddhas, während wir im eigentlichen Palaisviertel theils bei einem englischen Uhrmacher, theils bei einer chinesischen Pfandleihanstalt einige Silberschmucksachen und kleine Modelle von Häusern und Booten erschachern. Mittags werden Sapieha und ich durch einen alten birmani-

STROHHUT

schen Bonzen kunstgerecht tätowirt, — beide erhalten wir an rechten Arm den Ratschaschi, das räthselhafte Thier der siamesischen Urwälder, dessen Schrei noch kein Mensch überlebt hat, schön blau eingeritzt. — Als ich später von einem Besuche bei Kempermann nach Hause kehren will, verfehle ich den Weg beim „Celestial Club" (Opiumhöhle) und gerathe in ein Labyrinth von Stegen und Wegen, — eine Schar von Edelleuten in Hoftracht erwidern meine Anfrage mit Hohngelächter! Die guten Manieren sind doch überall gleich angenehm! Der deutsche Resident erzählte wieder viel Anziehendes: wenn junge Europäer sich hier niederlassen, kaufen sie für die Zeit ihres Aufenthaltes ein 14—17jähriges Siamesenmädel und zahlen den Eltern 200—300 Dollars. (In Britisch-Indien kostet ein Hindumädchen, 14 Jahre, hübsch und mit ärztlichem Atteste, 15 Rupien! Die Erhaltung monatlich 25 Rupien!) — Während des Zusammenlebens dürfen die Kleinen kein Betel kauen, — wenn sie momentan unwohl sind, stellen sie

ALTE
BRONZEFIGUR
(GUALIOR)

umsonst eine Stellvertreterin, die sie aus den schönsten und jüngsten ihrer Freundinnen aussuchen, — kaum ist die eigentliche Donna wieder hergestellt, so muss die Repräsentantin unbarmherzig verschwinden! — Abends fahren wir wieder auf dem Flusse, — das Treiben der Tausende von Gondeln in der milden Luft und dem vollen Mondschein ist herrlich. — Komisch sind die kleinen nackten Kinder, die vom Kopf bis Fuss mit Safran eingerieben werden, — es scheint gegen Fliegen und sonstiges Ungeziefer gesund, die kleinen hochgelben Kerle sehen aber gar zu spassig aus. — Spät geht's noch zu unseren japanischen Freundinnen, wir werden aber durch einen dort eingedrungenen betrunkenen Deutschen bald verscheucht.

Dienstag 15. Jänner. Eine englische Meile stromabwärts liegt, am Ufer des Menam natürlich, das ausgedehnte weitläufige Haus Phya Smud's mit schönen Gärten und Blumenbeeten; — in einer langen Halle empfängt uns der Hausherr mit Thee und Kuchen und, was noch angenehmer, er hat eine Anzahl Silbergefässe uns zum Kaufe aufstellen lassen, Theekessel, Betelschalen, Kannen, aus oxydirtem Silber mit eingeschlagenen Goldornamenten. Nach wenigen Minuten ist der Vorrath ausverkauft. Interessant sind Phya Smud's Teakholzlagen, menamaufwärts der Mission gegenüber, wo tausende und aber tausende Pflöcke der Verfrachtung harren. Teak soll das resistenzfähigste Holz sein und im Schiffbau unübertroffen. Erzherzog Leopold nahm auf der „Fasana" viele Bretter zum Bootsbau mit. — Abends um $8^{1}/_{2}$ Uhr siamesisches Theater! („Lakon"). Nur wenn der Mond voll ist, können Aufführungen stattfinden, und wir kommen gerade vor Thorschluss dazu, — ein geräumiges hölzernes Gebäude mit Bänken und Logen und einer ziemlich grossen Bühne mit der englischen Aufschrift „Prince's Theatre", — alle Plätze mit Weibern und Kindern besetzt, erstere insgesammt bis zur Taille unbekleidet, um die Beine den Sarong, letztere alle splitternackt. In zwei „Avant-Scènes" scheinen sich reich bekleidete Chinesen gütlich zu thun, in unserer „Hofloge" kommen wir in Fracks mit den steifen Stehkrägen vor Hitze fast um, — so was habe ich noch nie gefühlt! Die Aufführung ist ein historisches Drama, in welchem eine Menge Hanuhmans, Jacks, Ratschaschis und andere Teufel auftreten. Costüme prachtvoll, Musik merkwürdiger Höllenlärm im Zweivierteltact, — das Verdrehen aller Finger und aller Zehen ist die auf die Spitze getriebene Schauspielkunst! — Als uns die Barkasse um Mitternacht heimbringt, fühlt sich die freie Luft eisig an, so schauderhaft war die Temperatur im Lakon.

Mittwoch 16. Jänner.

Ich muss mich gestern erkältet haben, — mein Gesicht ist ganz angeschwollen, Zahnschmerzen und Fieber, dazu wahnsinniger Husten. — Doch es heisst Einpacken, Koffer verlöthen (gegen Termiten), aus einem grossen Sack silberner Tikals Trinkgelder an alle Bediensteten vertheilen, p. p. c.-Karten an die Bekannten schicken und noch in aller Eile in die innere Stadt fahren, um einige verschobene Einkäufe zu besorgen; — als wir schon das Hôtel verlassen wollen, er-

BULLOCK CART

scheint ein altes Weib mit weiteren Silber-
und Goldgefässen, — auf dem Boden
sitzend handeln wir ihr den ganzen Kram
ab; erst jetzt fangen die Leute an, Sachen
zum Verkaufe zu bringen; Läden gibt es für
Curios nicht, und man braucht Zeit, Geduld
und Geschick, um wie Baron Joachim
Brenner siamesische Kunstproducte sammeln
zu können.

Um 4 Uhr sind wir Alle an Bord der „Hekate" und fahren, die österreichisch-unga-
rische Flagge am Hauptmaste, mit vollem
Dampfe, nun zum letzten Male, den Menam
hinab, — noch grüssen die schwimmenden
Häuser, der Spectakel, der Lärm der Gross-
stadt, dann die öde Stille des Jungles, und
um 8 Uhr werfen wir südlich von Paknám,
aber innerhalb der Barre, Anker, da morgen
hier Reis eingenommen werden soll. — Nun
entdecken wir den ganzen Jammer unserer
Lage; die „Hekate" ist noch viel schmutziger,
viel vernachlässigter als ihre Schwester „Hecuba". Die einzige Cabine auf Deck erhält
der Chef, während man uns dreien ein paar

Löcher schauderhaftester Art anweist, Kakerlaken, Ratten, Ameisen sind noch das beste dabei, — seit Monaten scheinen die Leintücher nicht gewaschen zu sein! Am Vordertheile befinden sich 300 Zebuochsen, die erbärmlich stinken, — doch suchen es ihnen hierin etwa 200 am Stern zusammengepferchte Chinesen zuvorzuthun! Beim Diner stellt sich heraus, dass der gesammte Weinvorrath des Schiffes eine halbe, sage eine halbe Flasche Rothwein beträgt! Für vier Menschen, während vier Tagen! Well, à la guerre, comme à la guerre, wir legen tant bien que mal die müden Glieder in lange Sessel auf Deck und trachten die Milliarden Mosquitos abzuwehren, die, über den Aufenthalt des Schiffes entzückt, von allen Seiten herbeifluthen! Felicissima notte!

Donnerstag 17. Jänner. Während Biegeleben und Sapieha ans Land gehen, um das zur jetzigen Jahreszeit gänzlich verlassene Städtchen zu durchforschen (im Sommer gebrauchen viele Bangkoker hier die Seebäder), rudert unser Capitän zu einem in der Nähe verankerten

Engländer, der, soeben aus Hongkong angekommen, ihm seinen ganzen Weinkeller, nämlich 17 Flaschen verschiedensten Rebensaftes, überlässt, — dadurch sind wir gerettet, — denn das Wasser, welches der Capitän, ein junger Deutscher, selbst trinkt, ist, wie bekannt, schon drei Monate alt, — Soda ist keines vorhanden, die Bedienung ist elend, die chinesischen Boys, ordinäre Arbeiterjungen, die niemals Europäer bedient haben, sprechen kein Wort englisch und kümmern sich gar nicht um uns. — Das Essen bei alledem ungeniessbar! Für 30 Tikals, den Preis der Ueberfahrt, hätte man schon etwas mehr liefern können. — Mittags kommen die beiden Touristen ganz ermattet und erschöpft zurück; sie sind vier Stunden bei dieser Bratsonne im Jungle umhergelaufen, ohne ein menschliches Wesen anzutreffen. — Der Reis ist eingeladen, um 3 Uhr geht's über die Barre und in See, — Mosquitos auf Nimmerwiedersehen!

Es stürmt, es rollt, es stampft, alle paar Minuten geht ein Platzregen nieder, — die

Freitag 18. Jänner.

Zebus stinken, die Chinesen ditto, meine geschwollene Wange thut höllisch weh, — vor Singapore ist keine Hilfe möglich. Biegeleben liegt regungslos in seiner Deckcabine und klagt, — Sapieha flucht, nur Poche fügt sich ins Unvermeidliche. — Nochmals: „Hol' der Teufel die Tropen!"

Alles im Gleichen, Rollen, Regen, Wind, Gestank, Schmerzen.

Der Wind hat nachgelassen, die Chinasee zeigt sich gnädig, dafür verdoppeln die Zebus, von denen gestern mehrere ins Wasser stürzten, und die lieben Celestials ihre Düfte. — Spiro Mersa hatte recht: mit Chinesen zu reisen ist eine Tortur. — Ganz hinten entdecke ich eine Colonie Klings, britisch-indische Schneider, die vom siamesischen Hofe zurückgeschickt werden. — Sie sitzen splitternackt am Hinterdeck und sind sehr seekrank! Mein Fieber ist in schönster Blüthe!

Gleich einer Schiffsladung Schwerverwundeter wurden wir heute früh von der „Hekate" ans Land in Singapore gebracht, blass, schlotternd, abgemagert; besonders ich

mit meinem Kürbisgesicht sehe reizend aus.
— Auch schlage ich deshalb die Einladung
Brand's, mit Biegeleben in Bidadaré zu
wohnen, aus, überlasse Sapieha das mir bestimmte Zimmer und eile gleich zu den
„Sepoy Lines", einem grossen, in gepflegtem
Garten gelegenen, musterhaft gehaltenen
Militärspital. Dr. Simons sticht kunstgerecht
meinen oberen Gaumen auf, und sofort bin
ich von der fünf Tage langen Qual erlöst. —
Es lebe die Wissenschaft und das gut ge-
führte Federmesser! Mit Poche habe ich mich
im grossen Hôtel de l'Europe einquartirt und
erhalte hier ein geräumiges, nicht gar zu
heisses Zimmer, von wo aus ich die prächtige „Esplanade" und die schöne gothische
St. Andrew's Cathedral übersehe. Im „Singapore Club" treffe ich beim Tiffin mit den Collegen wieder zusammen, in den hohen Hallen
und Sälen streicht Nachmittags die Seeluft
durch, belebend und erfrischend; da vergisst
man die 36°, die trotzdem herrschen.

In dem Universalladen John Little's wird *Dienstag*
nun an meine Ausstaffirung geschritten, — *22. Jänner.*

beim englischen Zuschneider wird ein dünner Flanellanzug und blaue Jacke (16 und 12 Dollars) gekauft, während beim Celestial Chong-Fee-Chee-Chong, dem LeibschneiderPoche's, einige weisse Leinen- und einige chinesische Rohseidenanzüge bestellt werden. Europäische Kleider sind hier nicht zu gebrauchen. Im Club treffe ich den holländischen Generalconsul George Lavino, Bruder des Telegraphencorrespondenten in Wien, William Lavino, der Sapieha und mich zu einer Tennispartie für Mittwoch ladet. — Fahrt in den botanischen Garten, der, reizend angelegt und gehalten, wundervolle Collectionen tropischer Pflanzen enthält, riesige Bambusgruppen, Cabbagepalmen, entzückende Orchideen. — Abends am berühmten Garten Whampoas vorbei, wo noch die *Victoria Regia* in den Teichen und Bächen an die frühere Pracht erinnert (der reiche Chinese ist 1887 gestorben, und seine Söhne lassen Alles verkommen), fahren Poche und ich zu Brand's. — Ein famoses Diner und grossartige Heimfahrt bei dem Sternenhimmel, wie er eben nur 80 Meilen vom Aequator leuchten kann.

Um den schmutzigen Gharries zu entgehen, habe ich mir für die ganze Zeit einen Lohnwagen gemiethet, und in diesem schweren Landauer rollen wir nordwestlich auf vorzüglicher Landstrasse, zwischen üppigen Kaffeeplantagen, an zahlreichen Malayendörfern vorbei nach Bukit-Timah, einem in der Mitte der Insel gelegenen, von einem Park bedeckten Hügel, auf dem ein Staats-Bungalow zu längerem Aufenthalte einladet. Das ganze Eiland liegt zu unseren Füssen, südlich hunderte von kleinen Inseln, nördlich jenseits des Tambrohcanals die Malaccahalbinsel und das selbstständige Sultanat Johore. — Um uns Palmenwälder, Jungle und noch Stücke Urwald. — Bukit-Timah wird auch als Sanatorium benützt, in den drei bis vier reinen Zimmern, bei der frischeren Luft und dem herrlichen Rundblicke muss sich's ganz gut wohnen lassen. — In die Stadt zurückgekehrt, müssen Sapieha und ich zu Lavino, der einen schönen Garten und

Mittwoch 23. Jänner.

Bungalow mit prachtvoller Norfolkpinie neben den Botanical-Gardens besitzt. Die ganz aus Holländern zusammengesetzte Lawntennis-Gesellschaft muss leider vor einem Platzregen ins Haus flüchten, wo ein kleiner Orang-Utang aus Borneo die Gäste seines Herrn belustigt.

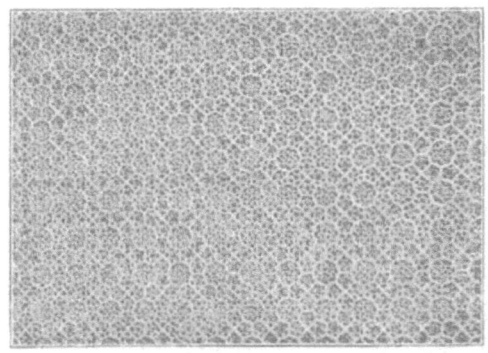

Fattehpore Sikri, Marmorfenster.

Langsam vergehen die Tage ohne beson- 24. bis 26.
dere Abwechslung, ohne neue Eindrücke. Jänner.
Der vielbesprochene Ausflug nach Johore,
wo wir Tiger zu jagen hofften, ist verschoben,
da der Sultan verreist ist; auch die Tour
nach Sumatra fällt ins Wasser, da weder
Brand noch ein Anderer eine ordentliche
Dampfyacht besitzt, und das gewöhnliche
Passagierschiff nach Deli viel zu viel Zeit
braucht. Der Gouverneur der Straits Settlements ist momentan in Malacca, so dass jede
grössere Geselligkeit seitens der Engländer
sistirt wird. Biegeleben hat mit Sapieha am
Siranganflusse den Jungle abgejagt — leider
ganz ohne Erfolg.
Donnerstag Abends war Galadiner bei
Brand's, die consularischen Vertreter Deutschlands (C. Frensberg, früher in Haiti), Frankreichs, Belgiens und Italiens, auch ein gewisser Cavaliere A. Luzzatti, Ingegnere Civile, der im Auftrage Chulalonkorn's in
Bang-tah-phan Goldminen einrichtet. —
Madame Brand überbot sich an Liebenswürdigkeit. — Ein hübscher Ausflug war

der zu den „Waterworks", einem kolossalen ausgemauerten Reservoir, welches das Wasser für ganz Singapore liefert. Schon die vier Meilen hin führen durch reichste und üppigste Waldungen, theilweise in tiefem Schatten, ohne dass Ein Haus, Ein Mensch die Stille dieser tropischen Spazierfahrt stört. Um das Bassin ist ein schöner Park angelegt mit herrlichen Blumen, — eine Colonie Chinesen sorgt als Gärtner für die Erhaltung des Gartens. — Schön ist auch der Park des im Renaissancestil erbauten Government-House, mit Mangrove-, Banian- und Bambusgruppen und einem kleineren Wasserreservoir. Hooper von Johnston & Co. führt Poche und mich ins Gefängniss, eine wahre Musteranstalt, das Ideal von Reinlichkeit, Nettigkeit und Ordnung. Jeder Sträfling nimmt zweimal täglich ein kaltes Bad, und haben wohl die meisten Insassen früher nie so hygienisch gelebt. Nur ist der Commandant, Major Grey, ein liebenswürdiger alter Graukopf, der nach dem Grafen Hübner fragt, zu weich und nachsichtig, und scheinen die 12 europäischen. Aufseher gegenüber 1500 Sträflingen viel zu schwach. Es wurden auch schon einige durch die chinesischen und malayischen Bestien mit ihren Steinhämmern erschlagen! Oben auf den Umfassungsmauern kleben Wächterhäuschen, in welchen Sepoys, indische Soldaten, Tag und Nacht postirt sind, um etwaige Fluchtversuche zu hindern. Ueberhaupt ist Singapore der Versammlungsort der ärgsten Gauner des Ostens, des Abschaumes Oceaniens, wohin die Verbrecher Chinas, der Philippinen, Australiens und der Sundainseln strömen. Fast in jedes Bungalow wird alljährlich eingebrochen, und schlafen alle Europäer mit Revolvern unter dem Kissen. Eine Ausnahme bildet Bidadaré, vielleicht weil dort bei Nacht alle Lichter ausgelöscht werden und die Herren Malayen sich im Finsteren schwer orientiren können.

Auf der Esplanade versammelt sich allabendlich das „High-Life" der Stadt, — in der Mitte des Platzes wird Lawn-Tennis gespielt, und rund herum, am Hôtel Europe, an der Kathedrale, am siamesischen Elephanten, am alten Hafendamm vorbei, rollen schwere Landauer mit reichen Chinesen, hübsche Victorias und fesche Dogcarts mit schönen, aber bleichen Engländerinnen, manchmal einige Jin-rickshaws, von stämmigen Malayen gezogen und netten, geschmackvoll gekleideten Japanerinnen darinnen. Für einen Weissen im Rickshaw bei Tage zu fahren wäre „shocking", dies Vehikel können nur Natives benützen. Ich errege auch das Entsetzen aller anständigen Leute, als ich kühn, die Cigarre im Mund, um 5 Uhr im Rickshaw um den Corso rolle und die empörten Gesichter aller Europäer grinsend beobachte... — Sapieha hat sich endlich entschieden, den Gesandten auf dessen Einladung nach Tokio zu begleiten, — er schwankte lange hin und her, wollte auf dringendes Zureden des Grafen Zaluski mit mir über Britisch-Indien zurück. — Schliesslich rieth ich ihm selbst, nach Japan zu gehen, von wo er über Peking, Kiachta und über Sibirien die Landreise antreten wird. Ganz interessant, aber sehr beschwerlich!

Solches Obst wie hier gibt's wohl in der Welt nicht wieder! Grossartigste Ananasse, Mangos, Mangosteens, Durriens, Pomaloes, vierzehn verschiedene Arten Bananen, Cocosnüsse u. s. w. Das Paradies für Dysenterie!

Früh um $^1/_2$6 Uhr rudere ich im Hafen von Dampfer zu Dampfer, ohne das Boot nach Riouw finden zu können; überall glotzen mich unverständige Chinesen und Malayen an, nirgends ein englisch sprechender Mensch. Wüthend und schnaubend lasse ich den Sampan zur Esplanade zurückkehren und finde dort zu meinem unbeschreiblichen Jubel Biegeleben und Sapieha, — mit diesen vereint erreiche ich endlich das ersehnte Schiff, einen schmutzigen winzigen Dampfer, auf dessen Oberdeck einige 60 Chinesen mit uns zusammengepfercht werden und daselbst ruhig sowohl alle Leibesbedürfnisse erfüllen, als ihre Mahlzeiten kochen, Hühner rupfen, Reis sieden u. s. w. Jeden Moment

Sonntag 27. Jänner.

geht ein Platzregen nieder und durchnässt uns und alle unsere Habseligkeiten; dagegen ist die Fahrt wirklich reizend, an zahllosen Inseln vorbei, die, mit Cocospalmen ganz überwachsen, auf allen Seiten dunkelgrün aus dem Meere auftauchen und wieder verschwinden. Leider ist die Maschine defect, und statt um 3 Uhr laufen wir erst um 6 Uhr den Hafen von Riouw an, einer kleinen friedlichen Stadt, dem Hauptorte der gleichnamigen Insel. Mit Mühe entnehmen wir dem malayischen Kauderwelsch des sogenannten Capitäns, dass er schon um 10 Uhr Abends statt morgen früh zurückkehre; wir sehen daher von den landschaftlichen Schönheiten der niederländischen Insel und ihren Kaffeeplantagen gar nichts. Es ist zu spät, den holländischen Gouverneur aufzusuchen, an den ich durch Lavino Empfehlungsschreiben habe, wir lustwandeln durch die dunkeln Strassen, bewundern die mit echt holländischer Reinlichkeit gehaltenen Bungalows und Clubhäuser und nehmen in einem sogenannten Hôtel ein erträgliches Souper ein, wo es aber wiederum mit der Sprache sehr happert, nachdem Wirth und Wirthstochter blos holländisch sprechen und meine paar Brocken nicht weit reichen. Nach einem förmlichen Kampf mit den Bootsleuten, die uns durchaus übers Ohr hauen möchten, sind wir um 10 Uhr Nachts wieder auf unserem Marterschiffe und suchen alle drei auf zwei Bänken ohne Lehnen so gut als möglich zu schlafen! Ein vergebliches Beginnen. Um 5 $^1/_2$ Uhr früh ankern wir vor Singapore, und drei kräftige Rickshawmen rollen uns schläfrig in unsere verschiedenen Herbergen.

Der Lloyddampfer „Maria Theresia" ist natürlich verspätet — heute hätte er einlaufen sollen, nun dürften die Collegen erst in 4—5 Tagen nach Hongkong flott werden. Mit Sapieha Besichtigung des recht armseligen Museums, wo nur einige Modelle malayischer Piratenschiffe, ein an die 15 Fuss langes ausgestopftes, kürzlich vom Secretär des Clubs im Sirangan-Flusse hinter Bidadaré geschossenes Krokodil und ein paar Riesenheuschrecken auffallen. — Dann unter

Montag
28. Jänner.

den Auspicien des stets gefälligen Hooper Besuch bei einem reichen Chinesen, dem Hon. Sia-Liang-Sia, dessen Heim ganz geschnitzt und vergoldet recht geschmackvoll erscheint; der bezopfte dicke Hausherr, welcher der Stadt einen schönen öffentlichen Brunnen gespendet, überbietet sich in Liebenswürdigkeiten. Abends grosses Diner bei Frensberg, dem deutschen effectiven Consul: rechts von der Hausfrau Sapieha (!), links Biegeleben (!), zwischen zwei Kaufleuten ich (!). Als ich nach verschiedenen „Jeux d'esprit" und geistvollen „Pustenspielen" um 1 Uhr nachts mein lang ersehntes Bett im „Europe" aufsuche, theilt mir der Celestial mit, mein Kutscher streike, und ich bekäme für morgen früh nach Johore keinen Wagen! Hole Alles der Teufel, ich kann die Augen nicht aufhalten und dazu „die" Hitze!

Dienstag 29. Jänner. Ohne „Chowta Hazru" erhalten zu können, rollen Poche und ich mit knurrendem Magen um 6 Uhr früh in Jinrickshaws zum „deutschen Club", wo wir beim Khitmatgar unsere Kleider deponiren. Bald erscheinen in einem Landauer Biegeleben und Sapieha, wir steigen zu ihnen ein und fort geht's $3^{1}/_{2}$ Stunden bis zum Tambroh-Canal, welchen wir in einer schmucken Dampfbarcasse des Sultans übersetzen — am festländischen Ufer Empfang durch den Secretär Sr. Hoheit Abdul Rahman und durch einen in johorischen Diensten stehenden Engländer, Abramson. — Schön gehaltener Park, riesiges Bungalow, das als Palais ganz europäisch eingerichtet ist. — In mehreren Hofequipagen Besichtigung der Stadt Johore, des musterhaften Gefängnisses, der im tiefen Jungle gelegenen Waterworks, der chinesischen Spielbank, die dem Sultan viele Tausende einträgt; mein Magen hält's nicht länger aus: Biegeleben lacht, aber wir kehren doch ins Palais zurück, wo endlich um 12 Uhr ein opulentes Tiffin auf dem berühmten johorischen Silberservice meine Hungerqualen stillt. — Um 4 Uhr sind wir wieder in Singapore in der „Teutonia", wo gewaschen, rasirt und angezogen wird, und um 5 Uhr erscheinen wir alle in schwarzen Gehröcken, die wie Kaftans um unsere hageren Glieder schlottern, und mit Cylindern (!) vor dem Sultan von Johore, welcher neben dem botanischen Garten einen prachtvollen Park mit Bungalow bewohnt. In einer kolossalen hölzernen Scheune empfängt uns der freundliche alte Herr, ein Araber mit weissem Schnurrbarte, europäisch gekleidet, mit Ausnahme eines kleinen Sarongs und einer schwarzen Mütze mit prachtvoller Diamantagraffe. — Da Abu-Bakr sein Haus hier ganz umbauen lässt, sind alle seine Schätze in dieser Scheune aufgespeichert, darunter wundervolles Satsuma-Porzellan und zwei feenhafte Lackparavents, die der Sultan in Kobe für 25.000 Dollars angekauft. — Maharadjah darf man ihn in Johore selbst bei 5 Dollars Strafe nicht nennen, seit die englische Regierung seinen Sultanstitel anerkennt. Er erzählt von zwei schönen Tigern, die seine Leute gefangen und mit denen er nichts anzufangen wisse, — auf meine Aufforderung verspricht er, die Thiere unserem Kaiser zu schenken und sie mit der „Maria Theresia" auf ihrer

Der Sultan von Johore.

Heimreise nach Schönbrunn zu schicken. — Brand übernimmt es, alle Vorbereitungen hiefür zu treffen. — Schliesslich sagt er uns allen seine Photographie zu.

Herzlicher Abschied vom Gesandten, der das Ideal der Güte und Anspruchslosigkeit ist, sowie vom wackeren Sapieha; beide haben uns mit dem stets fröhlichen Engler das Geleite aufs Schiff gegeben, wo sich auch der französische Bischof Monseigneur Gasmir eingefunden hat. Neben uns liegt die „Arratoon Apgar", die mit Graf und Gräfin Karl Dönhof an Bord auch nach Calcutta abgeht. — Heute früh ist die „Maria Theresia" angelangt; wir laufen noch hin, finden aber alle Officiere und Passagiere ans Land gegangen. Um 4 Uhr dampfen wir (Poche und ich) auf dem guten Schiffe „Palitana" der British India Steamship-Navigation Co. langsam aus dem Hafen. — Der Fahrpreis I. Classe mit Verpflegung bis Calcutta (14 Tage) beträgt blos 67 Dollars!

Mittwoch 30. Jänner.

Ein 2000 Tonnen grosses, scrupulös rein gehaltenes, mit elektrischem Lichte versehe-

Donnerstag 31. Jänner.

nes Schiff, ein charmanter rothbärtiger Commandant, Captain England, jovial und lustig, freundliche, artige Officiere, endlich statt der eckligen chinesischen Boys Bengalis als Diener und Stewarts, schlanke braune Kerle in weissen Musslinanzügen und riesigen Turbans, die lautlos und flink jedem Wunsche zuvorzukommen trachten — welcher Gegensatz gegen „Hecuba, Hekate und Co."! In einen langen Rattansessel hingestreckt, den ich in Singapore für 5 Dollars erworben, fange ich an, die Ruhe, das absolute Nichtsthun, vor Allem die herrliche Kühle der Seeluft (nur 30° auf Deck) in vollen Zügen zu geniessen. Ein Ehepaar aus Singapore auf der Hochzeitsreise, Harvey, er von einer schweren Krankheit soeben auferstanden, sie rothhaarig, aber hübsch — der katholische Bischof von Rangoon, Monsignore Bigandet, ein liebenswürdiger alter Herr, der seit 51 Jahren den fernen Osten bewohnt und nur zum Vatican-Concil nach Europa zurückgekehrt ist — ein portugiesischer Eurasier, Dr. de Souza aus Rangoon — der „Very Reverend

Johore, der Salon des Sultans.

Shvay Dagon-Pagode.

the Archdeacon of Singapore", Meredith, ein etwas bornirter Schotte; drei amerikanische Globetrotters, John Coolidge aus Boston, der über ein Jahr als Japaner in Japan gelebt, Malcolm Thomas aus Boston, und Larz Anderson 2nd aus Washington, ein guter Caricaturist, — das bildet so ziemlich die Gesellschaft. — Die Staterooms sind, wie alles Uebrige, tadellos rein — störend wirkt nur eine Armee winziger grauer Ameisen, die aus der Bordwand kommend Tag und Nacht über meine Schwämme, über das Waschbecken und über mein Bett wandert — die Viecher beissen zwar nicht stark, man gewöhnt sich an Alles — aber angenehm ist's nicht. — Dafür gibt es allerdings wenig Kakerlaken. — Auch ein Vortheil!

Malacca haben wir leider im Finstern berührt; heute früh legen wir wieder bei dem schönen Pulo-Penang, der Betelnussinsel, an, und Poche und ich suchen ein paar Pferde zu mieten, um den „Penang-Hill" zu erklimmen. — Es ist chinesisches Neujahr, die Strassen gefüllt mit festlich gekleideten Ce-

Freitag
1. Februar.

PRIESTERHAUS

lestials, deren Frauen und Kinder, geschminkt und mit kostbarem Schmucke überladen, in Wagen und Gharries und Tats umherkutschiren. Nach langem Umherirren finden wir endlich ein paar knochiger Rosinantes, und den Victoriapark rechts lassend, geht's steil den Berg hinauf, durch wundervolle Wälder, die — wie Poche behauptet — den schönsten Plantagen auf Java gleichkommen. — Zuerst stolpern wir in einen Prachtpark und von da in ein luftiges, elegantes, aber ganz leeres Bungalow — ein französisch sprechender Herr belehrt uns, dies sei das Gouvernment House — wir suchen weiter und gelangen auch, nach vielem Steigen, in eine Art Hôtel, das von dem unvermeidlichen Chinesen als Sanatorium gehalten wird. — Die grossartige Aussicht, 2000 Fuss tief auf die mit üppigster Vegetation überwachsene Insel, auf das Meer ringsum, besonders aber ein kräftiges Tiffin entschädigen für die Mühen des Aufstieges — auch wirkt die Temperatur von 25° wie eine Offenbarung! Auf diesen Gäulen ist vom Hinabreiten keine Rede — in $2^{1}/_{2}$ Stunden soll die

„Palitana" abdampfen — also heisst's trotz Tropen, trotz Mittagssonne im Laufschritt den Berg hinunter und ebenso weiter bis zur Stadt, wo uns schliesslich ein Jinrickshaw zum Hafen führt — entschieden der heisseste Spaziergang, den ich je gemacht! Das nennt man Schwitzen!

Prächtige Tage der höchsten Faulenzerei — bis 9 Uhr liegt Alles in Pujamahs umher, späterhin in Leinenanzügen — das Essen ist geniessbar, die Globetrotters recht lustig — besonders angenehm ist der alte Bischof mit seinem langen grauen Barte. — Stundenlang erzählt er mir von den Schönheiten der buddhistischen Lehre, die er natürlich von Grund aus kennt, sowie von der Eroberung Burmas durch die Engländer — sein meridionales Französisch klingt merkwürdig an der Küste von Tennasserim. — „Als nach der Ein-„nahme Rangoons die grosse Glocke der „Shvay Dagon-Pagode, die $7^1/_2$ Fuss im „Durchmesser misst, aufs englische Flaggen-„schiff gebracht werden sollte und beim „Transporte in die Mitte des Irawadi fiel,

2., 3., 4. Februar.

Glocke der
SHOE DAGON
PAGODE

SHWE DAGONE PAGODE

„waren alle Bemühungen der Matrosen, mit
„ihren Maschinen die Glocke zu heben, ganz
„vergeblich. — Da bat eine birmanische
„Deputation den Befehlshaber, ihr die am
„Grunde des Riesenflusses liegende Glocke
„zu schenken, was auch lachend und un-
„gläubig gewährt ward. Den Tag darauf
„befand sich die Glocke wieder an ihrem
„alten Platze auf der Plattform der goldenen
„Pagode. — Was alle britischen Ingenieure
„nicht zustande gebracht, das vermochten
„20.000 Birmanen in wenigen Stunden!" —
Gestern war anglicanischer Gottesdienst in
der grossen Cabine, und Meredith hielt eine
langweilige Predigt.

Dienstag, 5. Februar. — Seit frühem Morgen fahren wir den Irawadi hinauf, einen der grössten Ströme der Welt — die Ufer flach, öde. — Am Landungsplatze Tausende von Zuschauern in den farbenprächtigsten Kleidern, meist rosa und himmelblau — die Männer sind schlanker, grösser und schöner als die stammverwandten Bewohner Siams. Das Haupthôtel Rangoons, das „British-Burmah H.", ist als Gasthof dem Schiffe „Hekate" ebenbürtig. Hier empfangen uns die vorausgeeilten Amerikaner mit „bad news from Austria", und die furchtbare Nachricht des Todes unseres Kronprinzen wirkt fast lähmend auf Poche und mich. — Wir hoffen, die Kabelgramme haben falsch berichtet — auch weiss unser Honorarconsul Biedermann noch gar nichts. — Mit schwerem Herzen erfüllen wir unsere Touristenpflichten und bewundern die „Shvay Dagon-Pagode", entschieden die prachtvollste, kolossalste, grossartigste Pagode Asiens. — Die Lage sowohl, als die Bronzen, Schnitzereien und vor Allem die 321 Fuss hohe, ganz vergoldete Daghoba sind überwältigend. Mein Plan, einen Dampfer zu überschlagen, mit der neuen Bahn nach Mandelay zu fahren und erst nächste Woche weiter nach Calcutta zu reisen, muss — wie so manches Andere — aufgegeben werden. Die Bahn nimmt nur bis Prome Passagiere. Erst in 14 Tagen wird der Verkehr bis Mandelay eröffnet — bis jetzt gehen nur Militärzüge — zur Flussfahrt auf dem Irawádi gebricht es an Zeit; also morgen nach Maulmain.

6. Februar. Mit der „Ramapura", einem schönen Schaufeldampfer, der 15 Knoten macht, und dessen deutscher Commandant Cruzer famose Getränke braut, um 7 Uhr früh nach Maulmain, der schönsten Stadt Burmahs, am Salween reizend gelegen. — Holzsägen, wo abgerichtete Elefanten riesige Baumstämme aus dem Flusse holen, in die Maschinen legen und die gesägten Hölzer in den Höfen regelmässig aufschichten — ein kleiner Elefant hat's auf mich abgesehen und kann ich mich nur durch die schmählichste Flucht retten, zum Jubel der Schiffsgenossen. — In der Mitte der Stadt auf hohem Hügel die Hauptpagode mit unvergleichlicher Aussicht auf den Salween und die nahen Berge. — Abends wandeln wir alle zum geräumigen Club, Gymkhana; da Cruzer uns einzuschreiben vergessen hat, werden wir aber, zu unserer grossen Heiterkeit, von den eurasischen Bediensteten feierlich hinausgeworfen. — Uebernachten auf der „Ramapura", denn

ELEFANTEN BEI DER ARBEIT

CROW INSEL – SALWIN FLUSS

bis zu einem Hôtel hat es Maulmain noch nicht gebracht.

7. Februar.

Vor Sonnenaufgang in zwei Gharries ein paar Meilen bis zur Fähre des Salween-Flusses, den wir (die drei Amerikaner, Poche und ich) auf einem lebensgefährlichen Floss übersetzen, — dann in einem landesüblichen „Bullockcart" die gute Fahrstrasse weiter bis zu den „Farm Caves", ausgedehnte Höhlen in merkwürdigen Bergen, die, mit reichster Vegetation überwachsen, senkrecht aus der Ebene aufsteigen. Zwei dieser Höhlen sind Wallfahrtsorte und mit Buddha-Statuen minderen Kunstwerthes ausgefüllt; die anderen bieten einigen Millionen Fledermäusen Asyl und werden letztere durch unsere bengalischen Kerzen unangenehm aufgescheucht — doch ist ein längerer Aufenthalt wegen des Gestankes und der Hitze undurchführbar. Die Rückfahrt auf dem originellen federlosen Holzkarren, dessen Zebus fortwährend durchgehen wollen, ist sehr amusant — schiesse einige Riesengeier. — Sonnengluth in Burmah scheint nach der heutigen Probe kolossal! Abends Besuch des Gefängnisses, wo aber egyptische Augenkrankheit grassirt und wir schleunigst davonlaufen. — Vergebliches Trachten, einen berühmten Holzschnitzer zu finden: der Mann wohnt im Birmanenviertel, unser Kutscher spricht blos bengalisch — also Verständigung unmöglich. — Am Flussufer produciren sich uns einige Arbeitselefanten, die zur Tränke geführt werden — auf Befehl des Kornak knien sie nieder, heben die Rüssel in die Höhe und trompeten ein donnerndes Salaam! Die ihnen zugeworfenen Annastücke heben sie sorgfältig auf und reichen sie dem alten Wärter!

8. Februar. — Um 6 Uhr früh verlassen wir das freundliche Maulmain und durcheilen wieder in 9 Stunden die 132 Seemeilen nach Rangoon — der einäugige Capitän Cruzer, der in beiden Städten ein Etablissement mit Frau und Kindern haben soll (?), braut wieder seine zauberhaften Drinks; das am Zwischendeck angehäufte Volk bietet wahre Musterkarten farbenprächtiger Costüme, besonders einige bildhübsche Birmaninen, die, um die Zeit

DAS ṢHAT
bei
MAULMAIN

angenehm und nützlich todtzuschlagen, die üppigen Haaré ihrer Freundinnen nach kleinem Wilde durchsuchen. — Nachmittags in Rangoon Fahrt zu den Cantonment Gardens, zu den Royal Lakes, zu Holzschnitzern und Silberschmieden. Ein Besuch beim Bischof ist leider vergeblich, da der alte Herr gerade beim Speisen war. — Zum Uebernachten ist das Br. Burmah-Hôtel wirklich zu schlecht und zu schmutzig, wir ziehen daher wieder in die alte Cabine der „Palitana", worüber sich nicht nur die Bengali boys, sondern auch die Ameisen herzlich freuen!

9. Februar. — Kurz vor Abgang der „Palitana" erscheint ein Bote des Consuls und bringt mir ein Telegramm aus Wien — meine Grossmutter ist am 5. gestorben!! Auch die Nachricht über unseren armen Kronprinzen scheint sich zu bestätigen! — Um 7 Uhr früh lichten wir Anker, und nun geht's wieder, zum vierten Male, den jetzt schon wohl bekannten Irawádi hinab. — Zum Abschied war noch Capitän Cruzer erschienen und verkaufte mir ein hüb-

ROYAL LAKE
RANGOON

sches geschnitztes Papiermesser aus Maulmain.

10. u. 11. Februar. — Noch einige ruhige, kühle, herrliche Tage. — Motley's „History of the Dutch Republic". — Poche entpuppt sich als Kinderfreund und tanzt und spielt stundenlang mit einigen anglo-birmanischen Rangen herum. — Mit Erlaubniss Capitän Englands werden Möven geschossen. — Schade um die armen Thiere, die wir doch nicht aufheben können. — Gegen Sonnenuntergang sichten wir die Lichterbrigg, die vor dem Eingang in den Hugli ankert; früher kamen oft Leute aus Calcutta her, um sich durch die Seebrise von den Fiebern zu erholen, und wohnten wochenlang auf der einsamen Brigg. — Auch wir werfen jetzt Anker. Nachts ist an eine Fahrt den Hugli hinauf nicht zu denken, da der Ganges der gefährlichste aller Ströme ist und sein Bett sich täglich ändert.

Dienstag 12. Februar. — Kaum ist die Sonne am Horizonte sichtbar, so setzen wir uns mit 2 Piloten an Bord in Bewegung. —

BIRMANEN

Für den Fall, dass das Dampfsteuer versagen sollte, ist der erste Officier mit 20 Laskars am hinteren Steuerrade postirt, um gegebenen Falles sofort einzugreifen. Der Verlust einer Minute ist oft verhängnissvoll gewesen. Erst voriges Jahr brach das Steuer eines Br. India-Dampfers, das Schiff legte sich, durch die Strömung gedrängt, augenblicklich auf die Seite und verschwand im Laufe von 7 Minuten mit Mann und Maus! Nun die „James und Mary"-Sandbänke passirt sind, ist das Aergste vorüber. Mittags Ankunft in Calcutta. Great Eastern Hôtel — schlecht und riechend — Poche trifft einen Freund aus Wien. Besuch beim Honorarconsul Heilgers, charmantem Mann mit sehr hübscher Frau — Eden Gardens — Musik, Corso am Meïdán.

13., 14., 15. Februar. — Botanischer Garten mit grossartigem Banianbaume, der mit seinen Luftwurzeln einen ganzen Wald bildet, und schönen seltenen Pflanzen aller Art, Alleen von Palmen, — schönes Museum, wissenschaftlich geordnet wie kein anderes in Indien. Dasselbe umfasst alle Zweige der

Naturwissenschaften, besonders interessant ist aber die Abtheilung über indische Kunst und Kunstindustrie. Dieses Museum wäre eines eingehenden Studiums werth, wozu aber viel Zeit gehörte. — Sir Donald Mackenzie Wallace, Privatsecretär Lord Dufferin's. — Zwei Diners bei Heilgers, Concert, Ball im Government House beim Vicekönig, Lord Lansdowne — nette A. D. C.'s, besonders Lord William Beresford und Hamilton. — Bengal-Club, 3o Rupees für 14 Tage. — Bengal-Diener Joomun, alter Moslem, der einst Poche und Kübeck bediente.

16. Februar. — Von Howrah über Saragáth (Ueberfuhr über Ganges, wo ich Hoyos und Széchényi wieder treffe) nach Siligúri, prachtvolle schmalspurige Gebirgsbahn, anfangs durch dichten Junglewald, dann über Felswände in kühnen Serpentinen und Curven empor, an prächtigen üppigen Wäldern und Theeplantagen vorbei (17. Februar) nach Darjeeling, 8ooo Fuss — Club, Mr. Paul, C. B. Commissioner — grossartige Aussicht auf „the Snows", Kinchinjanga (28.156′) und

dessen ganze mächtige Gebirgskette aus den
Wolken ragend, grosse Kälte, 0°, Unwetter,
Schneesturm. — Warten 17., 18., 19., 20.
frierend im Pelz auf besseres Wetter, um die
Ranjit-Expedition ins unabhängige Sikhim
zu machen durch die zauberhaften waldigen
Thäler des Ranjit mit den kühnen Hänge-
brücken nach Kalimpong. — Vergeblich.
   21. Februar. — Heute Rückkehr nach
Calcutta mit zwei Freunden Poche's, Edw.
Beit aus Hamburg und Edw. Ladenburg
aus Mannheim, sowie Graf und Gräfin
Dönhoff-Seydewitz. — Wieder in milder,
warmer Luft!
   22. Februar. — Poche reist mit Messa-
geries Maritimes nach Madras und in die
Nilghirries. — Ich mit Joomun heute abends
nach Benáres.
   23., 24., 25., 26. Februar. — **Benares,**
Clarke's Hotel, mit Coolidge, Thomas, Anderson und Meredith von der „Palitana", sowie den zwei Deutschen. Sonnenaufgang
am heiligen Ganges, badende Hindu's längs
den ausgedehnten Ufern (Ghats), unerhörter

KVTVB MINAR
DELHI

Reichthum an Farben. — Tempel aller
Secten und Städte Indiens, reich verziert
und reich vergoldet, heilige Affen, heilige
Stiere, heilige Pfauen; Sarnath, ein dem
Andenken Buddhas geweihter merkwürdiger
Thurm aus dem 10. Jahrhundert — Nautch
Girls — Hochzeitszug durch die engen
Gassen — prächtige silbergeschirrte Pferde,
Kinder mit kostbaren Juwelen bedeckt. —
Nächtliche Gangesfahrt zum Maharajah von
Benáres.

27., 28. Februar, 1., 2. März. — **Agra**
(Laurie's Hôtel), Citadelle mit der Perlen-
moschee; der Taj! Das Grabmal Schach
Jehan's an den Ufern des Jumna inmitten
eines zauberhaften Gartens, das wunder-
barste Bauwerk auf Erden — übersteigt
Alles, was ich je gesehen! Mosaike bei Ha-
thuram. Fahrt nach Futhpur Sikri, die
Lieblingsresidenz Akbar's, drei Fahrstunden
von Agra. Am 2. abends mit Beit und Ladenburg nach Gwalior (3.—4. März), wo
wir im neuen Staatsbungalow famos wohn-
nen. — Unabhängiges Reich, Palast, Sindia,

TAJ-MAHAL
AGRA

prachtvolle Citadelle mit exquisiten Marmorschnitzereien und farbiger Majolicabekleidung, auf hohem Felsrücken weit das Land überschauend. Besuch beim Residenten Major Barr — Maharajah Ráná von Dholpur.

5., 6., 7., 8. März. — **Delhi** (Northbrook's Hôtel), die aus rohem Sandstein gebaute Citadelle, „the Ridge". Das Museum, welches den Namen kaum verdienen würde, wäre nicht dort eine herrliche indo-griechische Figur aus schwarzem Stein, die so schön ist, dass man sie für eine der besten griechischen Sculpturen halten könnte, — landwirthschaftliche Ausstellung, Nautch Girls, Faustkampf, Nabob von Ludhiana, Maler Ludwig Hans Fischer mein Nachbar bei Tisch — Kutb Minár!

TEMPEL AMRITSAR.

9. März. — **Amritsar.** Der goldene Tempel ist allein werth, die Reise nach Amritsar zu unternehmen. Der prächtige Tempel ganz aus Marmor und mit Gold verziert, steht mitten in einem Teich, umgeben von einer Terrassenanlage mit mächtigen Bäumen und

AFGHANE

kleineren Tempelbauten, alles in Farbe und Gold schimmernd. Teppichfabriken und Seidenstickereien, in welchen die schönsten indischen Stickereien gemacht und verkauft werden, Sikhs — 1 Uhr Weiterfahrt über Lahore nach

(10., 11., 12. März) **Peshawar** (Traveller's Bungalow), hochinteressante Trachten, ganz anders wie sonst in Indien, Alles schon afghanischer Typus, Col. Warburton, Mr. Spencer. — Dienstag auf des letzteren Polopony nach Fort Jamrud am Eingange des Kybarpasses und mit Warburton, Capt. und Mrs. Middleton, Akhsan Khan etc. in den Khybarpass nach Ali Musjid, der Felsenfestung am Ende des Passes an der afghanischen Grenze — 42 engl. Meilen — abends per Bahn retour über die Attock-Brücke über den Indus an jener Stelle, wo ihn einst Alexander der Grosse übersetzt haben soll, nach

(14. März) **Lahore** (Charing Cross Hôtel), eine grosse schöne Stadt mit Häusern voll der schönsten holzgeschnitzten Balcone und reicher, zumeist mit farbigen Fayenceplatten

FORT ALI-MUSCHID

belegter Architektur, schöne Sikh-Bauten, Moscheen, Museum, Jehangir's Grab.

17., 18. März. — **Jeypore** (Kaiser-i-Hind-Hôtel), die grösste Stadt der Rajputana und eine der interessantesten Städte von noch unabhängigen Staaten in Indien. Die grossen Bauten, breite Strassen und grosse Plätze verleihen der Stadt ein grossartiges Gepräge, welches durch die Eigenart seiner Bewohner und ihrer Sitten noch mehr an Interesse gewinnt als andere indische Städte, — mit zwei französischen Jesuiten, Prof. Henri Hyvernat und Dr. Paul Müller Simonis, — prachtvolles Museum, Palast, Elefantenritt nach Ambir, Major Prideaux, Resident.

19., 20. März. — **Abu Road** im Palankine (Jhampan), 5 Stunden nach Mount Abu (5000′) — entzückende Jaintempel aus dem Felsen gehauen — prächtiger See.

21. März. — **Ahmedabad**, Moscheen mit köstlichen Schnitzereien.

22., 23., 24. März. — **Bombay** (Apollo-Hôtel), treffe wieder mit Poche zusammen,

Stockinger, Janni (Lloydagent) Vuccino — Coolidge — Hitze ganz erträglich.

25. März. — „Berenice", Lloyddampfer, Capitän Egger, 5 Uhr nachmittags Abfahrt, langweilige Gesellschaft, recht mittelmässiges langsames Schiff, aber prächtiges kühles Wetter.

1. April. — **Aden**, das ich wie einen alten Freund wieder begrüsse. Cons. Escher, Dr. Schweinfurth.

7. April. — **Suez**, Abschied von Poche, der via Port Said nach Syrien reist.

8.—13. April. — **Cairo** (Shepheard).

14.—17. April. — „Euterpe", Capitän Nikolich von Alexandria nach Brindisi. — Dann Florenz, Abbazia, Wien.

FAKIR

Zurückgelegte Meilen.

	Kilometer	Englische Meilen	Geogr. Meilen
Wien—Triest	597	—	—
Triest—Brindisi—Port-Saïd	—	—	1302
Port-Saïd—Suez	—	—	85
Suez—Aden	—	—	1308
Aden—Bombay	—	—	1645
Bombay—Khandala	—	78	—
Khandala—Karli Caves u. retour	—	10	—
Khandala—Bombay	—	78	—
Bombay—Colombo	—	—	890
Colombo—Kandy u. retour	—	144	—
Colombo—Penang—Singapore	—	—	1648
Singapore—Bangkok	—	—	850
Bangkok—Ayuthia u. retour	—	180	—
Bangkok—Singapore	—	—	850
Singapore—Rhiouw u. retour	—	—	100
Singapore—Johore u. retour	—	26	—
Singapore—Penang	—	—	378
Penang—Rangoon	—	—	770
Rangoon—Maulmain	—	—	132
Maulmain—Farm Caves u. retour	—	15	—
Maulmain—Rangoon	—	—	132
Rangoon—Calcutta	—	—	778
Calcutta—Darjeeling u. retour	—	728	—
Calcutta—Benares	—	479	—
	597	1738	10.868

	Kilo-meter	Englische Meilen	Geogr. Meilen
	597	1738	10.868
Benares—Agra	—	384	—
Agra—Gwalior u. retour	—	154	—
Agra—Delhi	—	143	—
Delhi—Amritsar—Peshawar	—	626	—
Peshawar—Khyber-Pass u. retour	—	42	—
Peshawar—Lahore	—	278	—
Lahore—Jeypore	—	539	—
Jeypore—Abú-Road	—	274	—
Mount-Abú	—	32	—
Abú-Road—Ahmedabad	—	115	—
Ahmedabad—Bombay	—	309	—
Bombay—Aden—Suez	—	—	2953
Suez—Cairo	—	153	—
Cairo—Alexandria	—	131	—
Alexandria—Brindisi	—	—	836
Brindisi—Bologna - Florenz	894	—	—
Florenz—Nabresina—St. Peter	558	—	—
St. Peter—Abbazia, Abbazia—Wien	616	—	—
	2665	4918	14.657
	Kilometer gleich:	Englische Meilen gleich:	Geograph. Seemeilen
	1440	4122	
	Seemeilen		

Totale: Geogr. Seemeilen 20.219

www.ingramcontent.com/pod-product-compliance
Lightning Source LLC
Chambersburg PA
CBHW030827230426
43667CB00008B/1409